Edzard Reuter
Stunde der Heuchler

Edzard Reuter

Stunde der Heuchler

Wie Manager und Politiker
uns zum Narren halten

Eine Polemik

Econ

2. Auflage 2010

Econ ist ein Verlag
der Ullstein Buchverlage GmbH

ISBN: 978-3-430-20090-5
© Ullstein Buchverlage GmbH, Berlin 2010
Alle Rechte vorbehalten
Gesetzt aus der Sabon
Satz: Pinkuin Satz und Datentechnik, Berlin
Druck und Bindearbeiten: CPI – Clausen & Bosse, Leck
Printed in Germany

Inhaltsverzeichnis

Statt eines Vorworts: Warum es sich empfiehlt,
hie und da in den Spiegel zu schauen   7

»Wer heucheln kann … – ein gemachter Mann«?   10

»Nur wer im Wohlstand lebt, lebt angenehm«   24

Auf dem »Weg zur Knechtschaft« –
vom traurigen Los der »Eliten«   70

»Dummheit und Stolz wachsen auf einem Holz«   112

Die »bürgerliche Mitte« –
Gralshüterin von Freiheit und Wohlstand?   151

Kampf der Kulturen –
oder ihre gemeinsame Krise?   187

Zum guten Ende – vom Verlass auf Europa   202

Statt eines Vorworts:
Warum es sich empfiehlt, hie und da in den Spiegel zu schauen

Ich bin ein alter, ein sehr alter Mann. Umso intensiver empfinde ich das Glück, dass mir bisher gleich zwei für mich lebenswichtige Eigenschaften erhalten geblieben sind. Das verdanke ich freilich weniger eigenem Verdienst als einer natürlichen Veranlagung. Erstens bin ich neugierig geblieben – und zweitens gelingt es mir in aller Regel, die Wankelmütigkeiten des Lebens gelassen zu ertragen.

Neugier: Das bedeutet weit mehr als nur die Bereitschaft, Neues zu erfahren, Neues zu lernen – und zwar auch dann, wenn es von dem abweicht, was man zuvor für unerschütterliche Wahrheit gehalten hat. Ernsthaft kann von ihr nur dann die Rede sein, wenn es um mehr geht als nur darum, irgendetwas Beliebiges aufzuschnappen, das allenfalls für die Regenbogenpresse interessant erscheinen mag. Wirkliche Neugier bedeutet aktives, hellwaches Interesse, ja fast schon die Begierde, von Entwicklungen zu hören und Dinge in sich aufzunehmen, die einem bislang fremd waren. Das unterscheidet sie von jener nachgerade krankhaften Sucht, unter der nicht wenige von uns leiden. Mit der weitverbreiteten Neigung, gleich vor Begeisterung den Verstand zu verlieren, nur weil etwas zuvor noch nicht in den Schlagzeilen aufgetaucht war, sollte Neugier, wie ich sie verstehe, also besser nicht verwechselt werden.

Die Zuversicht, dass sich trotz aller Rückschläge,

trotz gelegentlicher Wut und Verzweiflung in aller Regel am Schluss doch immer wieder Möglichkeiten und Wege eröffnen, die Dinge zum Guten zu wenden, nenne ich Gelassenheit. Gewiss hat sie mir nicht von Anfang an zur Seite gestanden. Ungeduld, Enttäuschung, ja Verzweiflung waren (und sind) mir, genau wie manch andere Ungezügeltheiten, nicht fremd. Im Verlauf des Lebens, spätestens seit meiner Jugendzeit in der Türkei, hat sich jedoch die Gelassenheit zunehmend Raum verschafft. Inzwischen kann ich in guten wie in schlechten Zeiten fest auf sie bauen. Weise bin ich allerdings damit noch lange nicht geworden.

Beides zusammen, Neugier und Gelassenheit, kennzeichnen das, was man gemeinhin einen unverbesserlichen Optimisten nennt. Sollten die folgenden Seiten an der einen oder anderen Stelle einen gegenteiligen Eindruck hinterlassen, will ich mich deswegen bemühen, so weit es geht die Chancen aufzuzeigen, die uns trotz aller offenkundigen Misslichkeiten in großer Fülle offenstehen. Wir müssen freilich zupacken und sie ohne Zaudern ergreifen. Ein blitzblank geputzter, ehrlicher Spiegel, in den wir hie und da mit offenem Blick für unsere eigenen Schwächen schauen, mag dafür hilfreich sein. Er wird, ob wir uns darüber freuen oder nicht, gnadenlos aufdecken, wenn wir wieder einmal in Versuchung geraten sollten, uns um die unangenehme oder gar bittere Wahrheit herumzudrücken – oder uns durch andere darüber hinwegtäuschen zu lassen, die mit den bewährten Mitteln der Heuchelei auf ihre eigenen Interessen aus sind.

Bevor wir uns auf den Weg machen, ein wenig in den Spiegel unserer Zeit zu blicken, möchte ich freilich ein Wort des Dankes nicht vergessen. Es gilt Christian Koth, dem Verlagslektor, der das Entstehen dieses Textes ebenso aufmerksam und kritisch wie einfühlsam und anregend begleitet hat. Ohne seine Beharrlichkeit könnte ich kaum darauf hoffen, dass dem einen oder anderen Leser, ob weiblich oder männlich, das eine oder andere von dem, auf das diese Polemik zielt, zumindest bedenkenswert erscheint.

»Wer heucheln kann ... –
ein gemachter Mann«?

Wir alle wissen zur Genüge, zu welchen Tollheiten die Menschen fähig sind – von den Ausschweifungen des allgemeinen Wahnsinns, die uns das zurückliegende 20. Jahrhundert beschert hat, ganz zu schweigen. Ich halte dagegen, dass Vernunft, Augenmaß und Anstand trotzdem am Ende die Oberhand behalten werden. Das gilt, und zwar ohne Abstriche, auch für die nun wahrhaft furchterregende Krise der internationalen Finanz- und Wirtschaftsmärkte, die uns im Herbst 2008 überfallen hat. Mit deren Folgen werden nicht nur wir Europäer und die Stabilität unserer Währung, sondern wird die ganze Welt noch lange zu kämpfen haben. Meine grundsätzliche Zuversicht erklärt sich hingegen daraus, dass es nichts und niemandem, auch nicht uns selbst, je gelingen wird, auf die Dauer unser Gewissen zu beschwichtigen oder sogar ganz zu unterdrücken. Unbestechlich zeigt es uns an, wenn wir gegen ewige Werte verstoßen, die allen Menschen auf dieser Erde gemeinsam sind. Deswegen wird es uns immer wieder wachrütteln – und zugleich den Weg in eine am Ende doch wieder bessere Zukunft weisen.

Gewiss hat es überall und zu allen Zeiten eine Unzahl von Menschen gegeben, die recht gut über die Runden gekommen sind, indem sie Anstand, Moral und Verantwortungsbewusstsein rücksichtslos und höhnisch verlacht haben. Die menschliche Gemeinschaft als Ganzes weiß trotzdem in ihrem tiefsten Inneren, dass sie ohne die Leuchtkraft dieser ethischen Kriterien nicht überleben kann. Nur weil das so ist, hat sie sich selbst schon mehr als einmal, und sei es im letzten Augenblick, vom endgültigen Sprung in den Abgrund zurückgerissen. Das wird so bleiben.

Wer allerdings könnte übersehen, dass es Anlässe und Entwicklungen in Hülle und Fülle gibt, die solche Zuversicht schwinden lassen? Oft genug fällt es schwer, dem Eindruck zu entrinnen, wir würden es nicht mehr schaffen, rechtzeitig Dämme gegen Gefahren zu errichten, die tödlich enden könnten. Vermutlich hängt das mit dem fortschreitenden Verlust der Fähigkeit zusammen, uns im Kreisel des vermeintlich Neuen, leerer Betriebsamkeit und sinnloser Hektik zu behaupten, der uns immer rasender umherwirbelt. Die Gabe, mit Verstand und Weisheit zu handeln, wird verdrängt durch flatterhaftes Umherirren im Tagesgeschehen, durch blinden Verlass auf vorgebliche Allheilmittel, durch die Eitelkeit, billigsten Parolen nachzulaufen, durch das Bestreben, koste es was es wolle zu den Siegern im täglichen Wettbewerb zu zählen. Begleitet wird die Seuche durch das rapide Dahinschwinden unserer Fähigkeit, fremdes Leid wirklich mitzuempfinden, anstatt uns als willkommener Sensation daran zu weiden – was nicht ausschließt, dass wir im gleichen Atemzug bereitstehen, unser schlechtes Gewissen durch das Ausfüllen eines Spendenformulars zu beruhigen.

Doch gegen alles das gibt es eben ein Gegenmittel. Es hat sich über die ganze Geschichte der Menschheit hinweg bewährt und wirkt unverändert. Dabei ist es leicht für jedermann zugänglich und einfach einzunehmen. Seine Rezeptur besagt nichts anderes, als dass wir uns in Ruhe und Muße auf unsere grundlegenden Wertmaßstäbe zu besinnen haben, auf Anstand, Augenmaß und Rücksichtnahme. Damit dies gelingen kann, bedarf es allerdings einer Voraussetzung: Ob wir es wahrhaben wollen oder nicht, alle miteinander brauchen wir überzeugende Führung und Anleitung, oder, so antiquiert das auch klingen mag: glaubhafte Vorbilder. Ohne sie ist keine Gemeinschaft denkbar, die sich als menschenwürdig verstehen will. Mit verwerflicher Geringschätzung demokratischer Prozesse der Meinungsbildung hat dies nichts zu tun. Im Gegenteil.

Drastischer denn je ist das am Beispiel des Bauprojekts »Stuttgart 21« deutlich geworden, das weit über die Grenzen der baden-württembergischen Hauptstadt hinaus die Gemüter erhitzt. Niemand kann bezweifeln, dass es nach allen Regeln unserer parlamentarischen Demokratie verbindlich beschlossen und durch rechtsgültige Verträge abgesichert worden ist. Trotzdem haben sich unzählige Bürgerinnen und Bürger aus allen Schichten der Bevölkerung zusammengetan, um sich gegen die bevorstehende Realisierung zu wehren. Flugs haben daraufhin die Befürworter, angeführt vom Ministerpräsidenten Mappus und dem Bahnchef Rüdiger Grube, die Gegner der Missachtung von Demokratie und Rechtsstaat beschuldigt. Mag sein, dass dies bei einer rein formalen Interpretation zutrifft. Übersehen wird dabei freilich, dass es in Wirklichkeit um die Glaubwürdigkeit der Entscheidungsträger selbst geht: Vieles spricht nämlich inzwischen dafür, dass weder den zuständigen Gremien noch der Öffentlichkeit bei der ursprünglichen Meinungsbildung reiner Wein über zentrale Bestandteile des Projektes eingeschenkt worden ist.

Fügt man hinzu, dass es die deutsche Bundeskanzlerin ernsthaft für angebracht gehalten hat, die Durchsetzung des Vorhabens mit dem nahezu lächerlichen Argument der internationalen Verlässlichkeit der Bundesrepublik Deutschland erzwingen zu wollen, wird deutlich, wie sehr es heutzutage schon selbstverständlich geworden ist, Glaubwürdigkeit mit billiger Gaukelei, mit dem Vortäuschen angeblicher Werte zu verwechseln.

Als Leitsterne sollen sie leuchtend über alle Unbill der Zeit hinweghelfen. Bei Wallenstein war es noch der Kriegsgott Mars, der »die Stunde regiert«. Inzwischen hat ihm eine andere Geißel seine Unheil bringende Aufgabe abgenommen. Ja, nicht wenigen unter uns erscheint es nahezu unabänderlich, dass die Stunde ihres endgültigen Sieges angebrochen ist. Sie heißt Heuchelei.

Wie die meisten der uns Menschen eigentümlichen Unarten hat sie gleich zwei Gesichter: Sie ist lächerlich und gefährlich zugleich. Natürlich handelt es sich dabei keineswegs nur um eine Erfindung unserer Zeit. Spätestens die Bibel hat von ihr gewusst, als sie den schriftgelehrten Pharisäern ihre Neigung zur Heuchelei ankreidete. In der Renaissance, im Zeitalter despotischer Staatslenker und blutrünstiger Kirchenfürsten, haben gar kluge Beobachter, ja nicht zuletzt gelehrte Philosophen – an ihrer Spitze Niccolò Machiavelli – sogar gemeint, Heuchelei als probates Hilfsmittel anempfehlen zu müssen, um überhaupt überleben zu können. Heutzutage erfreuen wir uns demokratischer und gesellschaftlicher Freiheiten wie nie zuvor. Das hat uns trotzdem nicht dazu befähigt, die Ironie zu verstehen, mit der Erasmus von Rotterdam im 16. Jahrhundert die Vorzüge des gesunden Menschenverstands gegenüber der Hochnäsigkeit vermeintlich gebildeter Schichten als »Lob der Torheit« preisen konnte. Stattdessen haben wir uns längst auf den Weg gemacht, in vollem Ernst jene einstmals als Verkörperung schändlicher Unmoral geltende Unsitte der Heuchelei zum ungefragten, fast schon positiv belegten Grundgesetz unseres moralischen Selbstverständnisses zu erheben. Abraham a Sancta Clara, der große badische Augustinermönch, hat schon vor über 300 Jahren gewusst: »Wer heucheln kann und schmeicheln kann, der ist heut' ein gemachter Mann.«

Heuchelei: Gemeint ist das Vortäuschen falscher Tatsachen und falscher Gefühle, die scheinheilige Erwartung moralischen Verhaltens bei anderen. Wer ernsthaft ihr Lob anstimmen wollte, könnte damit schnell genug in die oberste Kategorie erfolgreicher Berater, auf gleicher Augenhöhe mit den McKinseys oder Roland Bergers dieser Welt, aufsteigen. Man müsste dafür nur geschickt genug sein, nicht bloß hinter vorgehaltener Hand, sondern öffentlich zu propagieren, dass sie risikolos allen denjenigen persönliche Vorteile sichert, die zielstrebig von ihr Gebrauch machen. Aufmerksamkeit und Erfolg in den Medien und beim geneigten Publikum wären garantiert, ein wachstumsträchtiger neuer Zweig des »Coaching«-Gewerbes würde sich auftun. Und dies gilt, obwohl bisher ausnahmslos alle großen Kulturen der Menschheit, ob im Norden oder Süden, im Westen oder Osten entstanden, darin übereingestimmt haben, dass es eine Messlatte gibt, die im Zusammenleben der Menschen zwischen Richtig und Falsch, zwischen Gut und Böse unterscheidet. Manche von ihnen haben sie in Gesetzestafeln gefasst, andere einfach vorgelebt. Offenheit, Ehrlichkeit und Duldsamkeit im Umgang miteinander sind ihre Maßstäbe. Heuchelei hingegen umschreibt das genaue Gegenteil: Sie ist ein Gift, das, als Dauergabe verabreicht, den Tod jeglicher Kultur nach sich ziehen muss.

Wer meisterhaft heuchelt, versteht es, eine Maske als ehrliches Gesicht auszugeben. Nach Art des gelernten Schauspielers spielt er (oder sie) aber eben nur eine Rolle. Ein ganzes Bündel durchaus liebenswürdig daherkommender Kniffe und Tricks täuscht darüber hinweg, was sich wirklich dahinter verbirgt. Schmeichelhafte Schlagworte wie die Eigenständigkeit und die Flexibilität des Einzelnen werden als charakteristische Merkmale einer erstrebenswerten Bürgerlichkeit angepriesen und der Abhängigkeit vom angeblich übermächtigen, jegliche schöpferische Kraft erwürgenden Staat gegenübergestellt, Unternehmens- und Risikofreude als leuchtender Gegensatz zur schändlichen Hängemattenmentalität arbeitsloser Faulpelze plakatiert. Genau diese Rezepte waren es, die bis zum plötzlichen Ausbruch der weltweiten Finanzkrise durch ihre ebenso selbstsicheren wie einäugigen Urheber ihrer gläubigen Zuhörerschaft als Allheilmittel vorgegaukelt wurden. Näheres Hinsehen hat freilich schnell genug aufgedeckt, dass hinter allen diesen Weisheiten ein ganz einfacher Ratschlag steckt. Er lautet: Im Gegensatz zu Regeln, gar staatlicher Natur, an die wir uns selbst aus Einsicht halten, liefern Eigensucht und Rücksichtslosigkeit allemal die besseren Rezepte für eine gesegnete Zukunft.

Auf ihren nackten, nicht durch pseudophilosophische Drapierungen verbrämten Kern reduziert, war und ist genau dies die dogmatische Aussage fast aller der nicht gerade wenigen Schulmeistereien, die sich heutzutage als liberal ausgeben. Die Kunst der Heuchelei erblüht bei ihnen zur schönsten Pracht. Ausgehend von einer kühnen Abkürzung dessen, was – der nun in der Tat bedeutende – Adam Smith im 17. Jahrhundert niedergeschrieben hat, berufen sie sich zu diesem Zweck gern auf zwei Nobelpreisträger, Friedrich August von Hayek und Milton Friedman. Über Jahrzehnte hinweg wurden deren Weisheiten ganzen Heerscharen von jungen Menschen an allen möglichen Spitzenuniversitäten als göttliche Offenbarung eingebläut – während jeder noch so zaghafte Einspruch als Teufelzeug oder zumindest als Faselei ewiggestriger Nörgler denunziert zu werden pflegte. Schier unbelehrbar durch die Wirklichkeit wurde uns weisgemacht, dass sich Vermögen und Reichtum ganz von selbst mehren werden, wenn der Markt nur endlich von allen gesetzlichen Einengungen befreit wird. Ausbruch und Verlauf der Finanzkrise und ihre Folgen für das weltweite wirtschaftliche Geschehen haben hoffentlich inzwischen selbst den gläubigsten Jüngern dieses Wallstreet-Kapitalismus die Augen geöffnet. Indes war und bleibt die fast schon wahnhafte Irrlehre ein Musterbeispiel für erfolgreiche Heuchelei: Zumindest die meisten derjenigen, die versucht haben, uns ihre Erkenntnisse nach Art einer Gebetsmühle einzutrichtern, hätten es nämlich durchaus besser wissen können. Und noch mehr von ihnen haben zumindest geahnt, dass sie der staunenden Menschheit etwas vorgaukeln. Doch lieber hielten sie so lange den Mund, bis die eigenen Taschen angenehm gefüllt waren.

Nachgerade täglich lassen sich weitere Beispiele dafür dingfest machen, wie tief sich das Übel eingefressen hat. Verständlich mag es sein, dass sie am ehesten auf dem Feld der Politik oder im Bereich der Wirtschaft und Finanzen ausfindig zu machen sind. Doch Vorsicht! Die Krankheit hat längst uns alle befallen. Eines ihrer Kennzeichen ist die Gewohnheit, lieber mit dem Finger auf andere zu zeigen, als zuerst bei sich selbst nachzuforschen. Die modernen Erscheinungsformen von Heuchelei sind auf dem besten Weg, jegliche offene Auseinandersetzung zu unterwandern, ja zu verhindern. Überall gehören Verzicht auf Ehrlichkeit und Vortäuschen falscher Tatsachen zum täglichen Umgang – beim Gespräch mit Partnern, deren eigene Meinung man noch nicht kennt, in den Medien, die sich hüten, Widerspruch zu erregen, in der Schule, wo Lehrer sich nicht trauen, wohlhabenden Eltern die Wahrheit über ihre Kinder zu sagen. Scheinargumente haben Hochkonjunktur, der offene Streit um die Sache, der für die Lebensfähigkeit einer demokratischen Kultur unverzichtbar ist, bleibt auf der Strecke.

Wir sind ja allesamt so blütenrein tolerant! Selbstverständlich spielt es deswegen keine Rolle, welcher Religionsgemeinschaft jemand anderes angehört oder woher seine Familie stammt. Am gewohnten Stammtisch sieht das dann allerdings oft genug schon etwas weniger harmlos aus. Allzu lange ist es schließlich noch nicht her, dass tiefe Antipathien gegenüber der jeweils anderen christlichen Konfession weitverbreitet waren. Heute hingegen predigen zwar beide Kirchenorganisationen – vielleicht auch manchmal aus Selbsterhaltungstrieb? – die Ökumene. Doch regelmäßig kommt schnell die Wahrheit ans Tageslicht, sollte sich herausstellen, dass die eigene Tochter beabsichtigt, einen türkischstämmigen jungen Mann zu heiraten – ganz zu schweigen davon, dass ausnahmslos alle Muslime wenn schon nicht terroristische Absichten, so jedenfalls nichts anderes im Sinn haben, als den Islam zur weltbeherrschenden Religion zu machen.

Genauso wenig dürfte wohl zu leugnen sein, dass sich unter der Oberfläche biedermännischer Toleranz bei nicht wenigen immer noch wenn schon nicht aktiver Antisemitismus, so doch hochnäsige Geringschätzung alles Jüdischen verbirgt. Den Holocaust in den Vernichtungslagern nehmen sie womöglich gerade noch als Tatsache zur Kenntnis. Doch wenn es an die Untaten der braunen Schergen nicht nur in den eigentlichen Todeslagern, sondern eben auch in Lidice und an unzähligen anderen Tatorten geht, wird der Widerwille schon deutlicher. Trotz der nun wahrhaft erdrückenden Beweise tritt er spätestens bei den Auseinandersetzungen über die Verstrickung weiter Teile der Wehrmacht in das nazistische System offen zutage. Die ebenso bedeutungsschwangere wie dumme Betonung, mit der gern einmal das »Leehmann« in dem Firmennamen »Lehman Brothers« ausgesprochen wird, um mit wissender Miene zum Ausdruck zu bringen, dass es nur eine Bank mit jüdischer Herkunft gewesen sein kann, die unser hart erspartes Geld so gewissenlos verzockt hat, spricht in einem nicht minder furchterregenden Sinne ganz für sich.

Oder wie verhält es sich mit der latenten Missachtung derjenigen, die während der Hitlerbarbarei Widerstand geleistet haben? Einmal jährlich, am 20. Juli, bezeugt man ihnen öffentlichen Respekt. Im nächsten Atemzug aber, während man sich im harmlosen Tagesgeschehen über etwas ganz und gar Nebensächliches streitet, lassen – wie 2009 geschehen – politische Würdenträger hemmungslos ihre Maske fallen und schämen sich nicht, zu behaupten, Dietrich Bonhoeffer (der noch ganz zum Schluss des Dritten Reiches hingemeuchelte, mit so großartiger Würde gestorbene Widerstandskämpfer) sei nichts als ein »ganz gewöhnlicher Landesverräter«

gewesen. Von Sophie Scholl und der »Weißen Rose«
ganz zu schweigen.

Oder bekennen wir uns nicht alle im Brustton der
Überzeugung bei jeder Gelegenheit als unerschütterliche
Anhänger der Gleichstellung der Frauen (zudem sie in
unserem Grundgesetz genauso festgeschrieben ist wie
die religiöse Toleranz)? Wie erklärt es sich dann, dass
in den größten deutschen Unternehmen inzwischen sage
und schreibe 2,5 Prozent der Führungspositionen von
Frauen ausgefüllt werden?

Von solchen und anderen Beispielen für die immer
unverschämter um sich greifende Seuche der Heuchelei
handelt dieses Buch. Es behauptet, dass wir seit der totalen Öffnung allen Geschehens zur weltweiten Globalisierung nicht nur eine Wirtschafts- oder eine Finanzkrise erleben, wie es sie zuvor noch nie gegeben hat,
sondern dass wir zu Zeugen einer breiten Kulturenkrise
werden. Sie läuft Gefahr, keineswegs nur die sogenannte westliche Welt, sondern auch alle anderen Kulturen
der Menschheit zu erfassen. Gemeint ist damit, dass das
Zusammenwachsen zu einer die Nationen miteinander
verbindenden Gemeinschaft das Gegenteil von dem bewirken könnte, was wir uns über Generationen hinweg
von einer Weltgemeinschaft versprochen haben: dass
nämlich unter dem Deckmantel ausgeklügelter Heuchelei am Ende ungehemmte Gier alle anderen menschlichen Eigenschaften überwältigt.

Habgier: So – und nicht anders – lautet unausweichlich die Diagnose, wenn wir danach suchen, was die
weltweite Ausbreitung der Heuchelei so stark befördert
hat. Dabei wäre es natürlich lächerlich zu verkennen,
dass es Habgier – und zwar im weitesten Sinne des
Wortes – schon seit jeher gegeben hat. Doch ob in den

christlichen, den fernöstlichen, den islamischen, den jüdischen oder in allen anderen bekannten Kulturen: Stets hat es Wertvorstellungen gegeben, die der Ausuferung von selbstsüchtiger Gier Schranken gesetzt haben. Inzwischen laufen jedoch ausnahmslos alle dieser gewachsenen Wertesysteme Gefahr, vom Tsunami der ungehindert um sich greifenden Seuche hinweggespült zu werden.

Nur besinnungslose Narren können übersehen, wie drohend uns diese Gefahr im Nacken sitzt. Manchen mag es da allzu kühn erscheinen, wenn dieses Buch dennoch von der Zuversicht getragen ist, dass es den Menschen auch dieses Mal wieder gelingen wird, sich am eigenen Schopf aus dem Sumpf der Unvernunft herauszuziehen – vorausgesetzt allerdings, wir bringen den Mut auf, von Zeit zu Zeit mit ehrlichem Blick in den eigenen Spiegel zu schauen, und lernen, der jedem Menschen innewohnenden Versuchung zu widerstehen, Verantwortungsbewusstsein durch Heuchelei zu ersetzen. Dahinter verbirgt sich kein primitiver Wunderglaube. Die Freiheit des Individuums ist genauso wenig eine Erfindung des Teufels wie die Freiheit des Marktes. Etwas Besseres hat die Menschheit bisher nicht hervorgebracht. Sie werden auch weiterhin ihre Kraft entfalten. Unter einer Bedingung: Beides, freie Individualität wie freies Marktgeschehen, taugen nur so lange, wie sie eingebunden sind in eine moralische und ethische Werteordnung – zu der unverzichtbar auch ein soziales Gewissen, sprich: Rücksichtnahme auf die Belange der anderen, auf die Belange der Allgemeinheit gehört.

Schier unzählige Male habe ich erlebt, wie unbesiegbar die Kraft der Moral ist, die jeder und jedem von uns mitgegeben wurde. Als Beispiel mag Georg Elser dienen, der ebenso einfache wie mutige Mann, der von Anfang an davon überzeugt war, dass die Machtübernahme durch die Nazis zu einem katastrophalen Weltkrieg führen würde – und der deswegen ganz auf sich allein gestellt und mit vollem persönlichen Risiko versucht hat, Hitler rechtzeitig zu beseitigen. Immer wieder neu hat sich erwiesen, dass es zu nichts führt, nur auf den eigenen Vorteil zu bauen, anstatt auf das Gewissen zu hören, das uns mahnt, rechtzeitig die Folgen des eigenen Tuns für unsere Mitmenschen zu bedenken. Weder sind wir dazu geboren noch dazu verdammt, mit verbundenen Augen, ausgeschaltetem Hirn und ohne Widerstand den drängenden inneren Versuchungen nachzugeben oder gar gewissenlosen Rosstäuschern nachzuhecheln. Im Grunde unseres Herzens wissen wir alle, dass der hemmungslose und ungebremste Drang, Anstand, Vernunft und Mitgefühl zu Lasten der vermeintlich eigenen Interessen hintanzustellen, nur in einer unheilvollen Sackgasse enden kann. Allemal vermögen wir es, uns dagegen zu wehren – und werden das auch weiter tun. Trotz aller polemischen Schärfe will ich deswegen mit den folgenden Seiten nichts anderes, als zur Festigung dieser Überzeugung beizutragen: Ich vertraue zutiefst auf die Chancen, die wir haben, um die neuen Herausforderungen zu bestehen. Wir sind nicht wehrlos einem unabsehbaren Schicksal ausgeliefert – sofern wir nur bereit und willens sind, mit ruhiger Vernunft zu entscheiden und mit Würde danach zu handeln.

Na und? So werden spätestens jetzt diejenigen einwenden, die sich genügend gelehrt wähnen, um zu wissen, dass es solcherlei Warnungen, aber auch solche Zuversicht, schon immer gegeben hat. Unbeirrt werden sie ihr Bestreben auf nichts anderes richten als darauf, den Verlauf ihres eigenen kurzen Lebens so angenehm und ertragreich wie nur möglich zu gestalten. Ihnen ist es schlichtweg egal, ob sie sich mit ihrem politischen, wirtschaftlichen und sozialen Handeln – darunter nicht zuletzt den Erzeugnissen ihrer Feder oder ihrer Kamera – oder einfach durch ihr persönliches Verhalten jenseits jeglicher Grenzen des normalen menschlichen Anstands begeben. Mit Vorliebe verstecken sich dabei die meisten unter der Maske des Bürgerlichen. Hauptsache, es geht ihnen selber gut und sie können sich als etwas Besseres in der Sonne öffentlicher Anerkennung aalen. Ein sich jährlich neu über das staunende Publikum ergießender Strom von gewichtigen Buchpublikationen, die den Vorzügen einer ungebremsten Marktwirtschaft oder den Segnungen der Globalisierung gewidmet sind, spricht da eine genügend deutliche Sprache. Sobald das erste Gras über die Folgen der weltweiten Finanz- und Wirtschaftskrise gewachsen war, ist deswegen, wenn auch vielleicht in leicht abgewandelter Tarnung, längst wieder der Versuch zu neuem Leben erwacht, die Menschheit im Interesse des eigenen Profits neu zu verdummen. Zwar sind viele der fraglichen Herrschaften noch ein wenig in Deckung. Denn es schwebt ja weiter das Damoklesschwert über ihnen, dass ihnen die international angelaufenen politischen Bemühungen unliebsame Fesseln anlegen könnten. Daher heucheln sie Einsicht, manche schütten gar Asche auf ihre sündigen Häupter. Doch in Wirklichkeit sitzen sie schon längst nicht mehr nur in ihren Startlöchern – sie sind schon wieder nah am Ziel.

Die Anzeichen dafür sind unübersehbar. In den folgenden Kapiteln will ich versuchen, manches von dem, was ich über ein langes Leben hinweg lernen durfte, dafür zu nutzen, um uns gegen solche Torheiten zu wappnen. Gewiss, dieses Buch ist eine Polemik. Doch der Spiegel, in den wir gemeinsam schauen, wird uns auch so genügend Beispiele für die Versuchungen aufzeigen, die uns der Drang zur Heuchelei täglich neu und mit großem Einfallsreichtum eingibt. Auch an mir selbst sind sie keineswegs immer spurlos vorübergegangen. Trotzdem: Wer darauf baut, dass Heuchelei – und mit ihr nackte Raffgier, die sich heutzutage mit Vorliebe dahinter verbirgt – endgültig die Oberhand im Ringen um Anstand und Moral behalten wird, irrt. Noch so deutlich mögen die Anzeichen dafür scheinen, dass die Stunde der Heuchlerinnen und Heuchler in voller Gloriole angebrochen ist – sie werden auch dieses Mal kläglich Schiffbruch erleiden.

»Nur wer im Wohlstand lebt, lebt angenehm«

Bleiben wir gleich einmal bei jenem Drama, das sich schon 2007 ankündigte und dann im Spätsommer 2008 wie ein Vulkanausbruch über die ganze Welt hereingebrochen ist: die internationale Finanzkrise und die weltweiten wirtschaftlichen Probleme, die sie auslöste. Unzählige kluge Publikationen haben sich inzwischen damit befasst. Nahezu ausnahmslos wurde dabei die Habgier der meisten Beteiligten als eine der wesentlichen Ursachen ausgemacht. Das Maß an Heuchelei, das deren ungehemmte Ausbreitung erst ermöglichte, ist freilich nur den wenigsten aufgefallen. Unübersehbar ist sie zumindest erst geworden, seit einige Spekulanten mit offensichtlich nahezu krimineller Energie als Folge einer möglichen Staatspleite Griechenlands auf einen Zusammenbruch des für uns Europäer so lebenswichtigen Währungssystems des Euro hingearbeitet und schließlich auch noch die zaghaftesten Politikerinnen zu Entscheidungen gezwungen haben, die sie lieber vermieden hätten.

Nicht viel mehr als zehn Jahre ist es her. Im Board-Room der damaligen Chase Manhattan Bank (heute J. P. Morgan Chase) an der 5th Avenue saßen allerhand großmächtige internationale Würdenträger aus der Welt der Wirtschaft und Politik um einen riesigen Sitzungstisch zusammen. Gianni Agnelli war dabei, Ratan Tata aus Indien, Rahmi Koc aus der Türkei. Neben sonstigen ebenso weisen wie mächtigen Unternehmenschefs aus allen Teilen der Welt zählte zudem eine kleine Zahl politischer Veteranen aus Großbritannien und Frankreich dazu – nicht zu vergessen der mit tiefer Bassstimme seine Bedeutsamkeit zelebrierende Henry Kissinger. Aufgabe und Anliegen des illustren Kreises war es, das Spitzenmanagement der Bank über die weltweite Entwicklung zu beraten.

Wie üblich hatte die Besprechung mit einem Bericht über die Situation in den USA begonnen. Man war rundum optimistisch gestimmt, die Börsen brummten vor Zuversicht, die Ertragslage der Bank wie der gesamten Wirtschaft war hervorragend, Neugründungen junger Unternehmen schossen wie Pilze aus dem Boden (und sollten sich unversehens zur »Dotcom-Blase« ballen). Ein einziger schwacher Schatten nur verdüsterte das strahlende Bild ein wenig: Die mit vielen Schaubildern unterlegte Präsentation des Chefökonomen machte deutlich, dass die anscheinend so günstige Entwicklung unverändert an den ärmeren Ländern der Erde vorüberging – vor allem aber, dass sie von einer explosionsartigen Zunahme des Geld- und Kreditvolumens begleitet wurde, das frei, sozusagen als Selbstzweck, auf den internationalen Finanzmärkten umherfloss.

Abgesehen von dem einen oder anderen klugen Einwurf, der sich auf irgendeine Einzelheit richtete, bestätigte die anschließende Diskussion die allgemein mehr als zuversichtliche Stimmung. Das sowjetische System war endgültig zusammengebrochen, der sogenannte Kalte Krieg erfolgreich beendet, zum Wohle aller hatte die kapitalistische Marktwirtschaft ihren unaufhaltsamen Siegeszug angetreten. Der Einzige, der sich den schüchternen Einwand erlaubte, dass es doch vielleicht gerade deswegen umso dringlicher sein könnte, sich im Kreise der entscheidend wichtigen Länder um ein weltweites Regelsystem zu bemühen, das die Ausuferungen einer ungezügelten Marktwirtschaft in sozialpolitisch verträgliche Kanäle leiten würde, war ich.

Höflich hörten die Anwesenden zu, niemand widersprach. Doch rund um den Tisch brachte das Mienenspiel zum Ausdruck, dass es nicht mehr an der Zeit war, solchen traditionellen europäischen, womöglich gar sozialdemokratisch gefärbten Kleinmut besonders ernst zu nehmen. Erkennbar sprach ja hier jemand, dessen Zeit vorüber war, der die neue Welt ganz offenbar nicht mehr so recht verstand. Am Schluss der Sitzung kam der Chairman der Bank zu mir, legte tröstend seine Hand auf meine Schulter und meinte leise, ich hätte ja »mit meiner Meinung völlig recht, doch nach Lage der Dinge gebe es nun einmal keine andere Möglichkeit für die Bank, als mit den Wölfen zu heulen und sich den geltenden Spielregeln zu fügen«.

Nicht allzu lange sollte es danach noch dauern, bis die Welt der Finanzen 2008 an den Rand einer tödlichen Katastrophe geriet, vor der sie wahrlich nur in allerletzter Minute bewahrt werden konnte. Seitdem habe ich mich oft genug gefragt, wie ernsthaft dieser Herzinfarkt des internationalen Finanzsystems und dessen Folgen für die gesamte Wirtschaft die eigentlichen Verursacher wirklich betroffen gemacht haben. Die Griechenland-Krise und deren Begleitumstände haben jedenfalls nicht dazu beigetragen, mich ernsthaft zu beruhigen. Ganz besonders wenig ändert daran ein im Sommer vergangenen Jahres erschienener Pressebericht über eine in Zürich stattgefundene öffentliche Veranstaltung. Josef Ackermann, der Vorsitzende der

Deutschen Bank, heißt es da, habe gesagt, »die Frage müsse sein, ob das ständige Schneller – Weiter – Höher die Gesellschaft voranbringe«. Um als wörtliches Zitat fortzufahren: »Ich lehne mich manchmal auch zurück und frage mich, ist das eigentlich richtig?« Und der Bericht schließt mit der fast schon demütig klingenden Aussage des Redners, »so seien nun einmal die Spielregeln«. Einseitig könne man sie nicht ändern, und »man dürfe daher diejenigen nicht verurteilen, die sich danach verhalten«. Ausdruck einer nur allzu menschlichen Neigung, unangenehme Wahrheiten zu verdrängen? Schulterzuckende Resignation? Sorglose Leichtfertigkeit? Ehrliche, sogar besorgte Meinung? Oder schiere Heuchelei? Vielleicht etwas von alle dem? Lassen Sie uns sehen.

Das Zusammentreffen in der Chase Manhattan Bank hatte zu Beginn der damals so euphorisch begrüßten Ära der New Economy stattgefunden. Für eine kurze Zeitspanne sollte sie die Welt glauben machen, dass man mit der Finanzierung neugegründeter Unternehmen und dem baldigen Verkauf der auf diese Weise erworbenen Aktien klaglos und Jahr um Jahr eine außergewöhnlich gute Verzinsung des eingesetzten Kapitals erzielen könne. Die internationale Bankenwelt schien endlich den Stein der Weisen entdeckt zu haben. Warum um Gottes willen mühsam der Vergabe von Krediten hinterher- und dabei auch noch Gefahr laufen, dass die Schuldner sich vergaloppieren, wo doch jetzt das ohnehin im Überfluss vorhandene Bargeld viel, viel schneller und frei von unnötigen eigenen Risiken vermehrt werden konnte? Der Begriff des Investmentbanking, nicht lange zuvor noch auf spezialisierte Banken beschränkt, die mit Staaten und

Unternehmen bei der Beschaffung der von diesen benötigten Mittel auf den internationalen Kapitalmärkten zusammenarbeiteten, bekam auf einmal einen ganz neuen, einen fast geheimnisumwitterten Klang. Er verhieß, mit geschickten, ja teilweise schon trickreichen Kombinationen Finanzierungswege zu finden, die für die Banken selbst risikofreie Gewinne in bisher unvorstellbarer Größenordnung ermöglichten – vom explodierenden Anschwellen der eigenen Taschen bei den einschlägigen Zauberern ganz zu schweigen.

Zwei oder drei Jahre später waren alle Blütenträume von der schnellen Bereicherung kläglich zerstoben und mit ihnen die Börsenkurse tief in den Keller gestürzt. Nicht gerade klein war die Zahl derjenigen, die wohl gewusst hatten, dass das Abenteuer nicht gutgehen konnte. Doch ob bei den Banken selbst, ob unter erfahrenen Unternehmern, ob an den Universitäten, ob in den Medien oder bei den politisch für ihr Land Verantwortlichen: Nur sehr vereinzelt hatte sich jemand getraut, den Mund aufzumachen. Alle anderen jubilierten. Die Erkenntnisse und Lehren jenes neu verstandenen Investmentbanking bedeuteten ein Heilsversprechen auf ewige Mehrung des Wohlstands. Niemand wagte, es zu hinterfragen. Schließlich war es ja doch in den USA, der Siegernation über den untergegangenen Sowjetkommunismus, zum Ideal erhoben worden. Kleinlaute Nörgelei war da nicht gefragt, Heuchelei zum Gebot der Stunde geworden. So haben denn auch nur die wenigsten aus der Erfahrung der kurz darauf geplatzten Blase gelernt: Der Tanz der sich als »modern« verstehenden Investmentbanker und ihrer Eleven aus den ökonomischen Elitehochschulen um das Goldene Kalb sollte schon bald danach erneut einsetzen – um dieses Mal die Welt an den Rand des Abgrunds zu führen.

Inzwischen füllen gelehrte Untersuchungen über die Gründe, die zu dieser Entwicklung geführt haben, ganze Bibliotheken. Ich will nicht einmal versuchen, dem eine neue Weisheit hinzufügen. Bemerkenswert bleibt es immerhin, warum es so lange gedauert hat, bis wir schließlich zu Zeugen einer die ganze Welt ergreifenden Krise werden mussten. Grenzüberschreitende, ja weltumspannende Wirtschafts- und Finanzbeziehungen gibt es seit Jahrhunderten. Die kulturellen Einbindungen der Beteiligten und deren Einfluss auf ihre Denk- und Handlungsweise waren zu keiner Zeit ein unergründliches Geheimnis. Böse Erfahrungen mit Banken, die unter einem Dach sowohl das normale Kreditgeschäft als auch – sogar auf eigene Rechnung, also ohne Kundenauftrag – den Handel mit Wertpapieren betrieben, hatte es bereits während der großen Wirtschaftskrise um die Wende der zwanziger zu den dreißiger Jahren des 20. Jahrhunderts gegeben. Auf Initiative des damals frisch gewählten Präsidenten Franklin D. Roosevelt hatten sie in den USA sogar zur Folge, dass 1933 im Rahmen des heiß umstrittenen Glass-Seagall Act die Trennung zwischen beiderlei Banktätigkeiten gesetzlich vorgeschrieben wurde.

Es muss also etwas grundlegend Neues geschehen sein, das die neue Welle von Geldgier auslöste. Heuchelei hat als Zaubermittel entscheidend dazu beigetragen. Erst sie machte es möglich, unter dem Deckmantel eines über lange Zeiten als Inbegriff des Seriösen geltenden Bankberufs ein Ausmaß an Habsucht zu verbergen, das nicht wenigen zu sagenhaftem Reichtum verhelfen sollte. Wollen wir der Seuche nicht dauerhaft zum Opfer fallen, wird es daher unvermeidlich sein, wenigstens einen kurzen Blick darauf zu werfen, wie es so weit kommen konnte.

Es klingt wie ein Märchen aus uralten Zeiten – und liegt doch gerade dreißig Jahre zurück. Damals hatte man mir die Verantwortung übertragen, mich im Vorstand um die Finanzen der damaligen Daimler-Benz AG zu kümmern. Nicht nur in diesem durch schwäbische Sparsamkeit geprägten Weltunternehmen, sondern in der gesamten deutschen Wirtschaft gab es niemanden, der auch nur im Traum auf die Idee gekommen wäre, das vorhandene oder neu verdiente Vermögen für etwas anderes als das Wachstum und die Wettbewerbsfähigkeit des eigenen industriellen Angebots einzusetzen. Vor allem zählten dazu das von den Aktionären bereitgestellte Eigenkapital, die Abschreibungen auf die Anlagen sowie sorgfältig angesammelte Rücklagen. Daneben verfügten wir natürlich über eigenes oder für kurze Fristen bei Banken ausgeliehenes Bargeld. Gänzlich undenkbar wäre es freilich gewesen, dass sich ein seriöses Unternehmen darauf verlassen hätte, seine im Rahmen des täglichen Betriebes anfallenden Schulden mit Erlösen zu bezahlen, die erst langfristig aus Zukunftsinvestitionen zu erwarten waren. Die Banken, mit denen man zusammenarbeitete, verstand man als »Hausbanken«. Auf der Grundlage eines zumeist über Jahrzehnte hinweg gewachsenen gegenseitigen Vertrauens kümmerten sie sich um die Abwicklung des laufenden Zahlungsverkehrs mit den in- und ausländischen Geschäftspartnern, beschafften kurzfristige Kredite und halfen dabei, die Aktionäre davon zu überzeugen, dem Unternehmen das benötigte zusätzliche Eigenkapital zur Verfügung zu stellen. Mit einem Wort: Die Beziehungen zu Banken beschränkten sich in ihrem Kern auf die finanzielle Absicherung des traditionellen industriellen Geschäfts und seines Wachstums.

Nur eine einzige Ausnahme gab es, die damals von Beratern zur Diskussion gestellt wurde. Es ging um die bei den Unternehmen selbst (oder in ihren speziell dafür eingerichteten Untergesellschaften) angesammelten Geldmittel, die der Finanzierung künftiger Pensionsverpflichtungen dienten. Bei manchen hatten sie die Höhe mehrstelliger Milliardenbeträge erreicht. Natürlich wäre es sinnlos gewesen, diese Mittel einfach bei Banken als Tagesgeld stehen zu lassen, das kaum nennenswerte Zinsen abwarf. Vielmehr mussten Wege gefunden werden, um eine angemessene Verzinsung zu sichern, ohne andererseits die Sicherheit der Anlage zu gefährden. Traditionell wählte man dafür die Lösung, festverzinsliche Anleihen, Pfandbriefe und Schuldverschreibungen von Staaten oder besonders verlässlichen Wirtschaftsunternehmen zu zeichnen. Diese Vorsicht hing im Übrigen nicht zuletzt damit zusammen, dass in den Gremien, die darüber zu befinden hatten, jeweils auch Belegschaftsmitglieder saßen, denen jedes darüber hinausgehende Risiko unvorstellbar erschienen wäre: Immerhin ging es um die Verantwortung für fremdes Vermögen. Erst als über den Atlantik hinweg die ersten Schalmeienklänge ertönten, wonach man auf einfache Weise wesentlich bessere Renditen für die Pensionsgelder erzielen könne, ohne umgekehrt irgendwelche ernsthaften Risiken einzugehen, begann die Front der Traditionalisten langsam aufzuweichen.

Vorangegangen war schon zuvor die Bereitschaft, einen kleinen Prozentsatz des Pensionsvermögens in Immobilien anzulegen. Das galt nach damaliger Auffassung als nahezu ebenso sicher wie eine Investition in Staatsanleihen. Eher widerwillig hingegen folgten jetzt die Belegschaftsvertreter den Hinweisen, dass es doch auch Aktien gab, deren Börsenkurse keinem ernsthaften Risiko ausgesetzt seien. Unverändert blieb aber die von allen Verantwortlichen, der Unternehmensleitung wie den Arbeitnehmervertretern, stillschweigend geteilte Übereinstimmung, bei Anlageentscheidungen größte Vorsicht walten zu lassen. Sie war einerseits geprägt durch die immer noch sehr lebendige, von den Eltern überlieferte Erinnerung an die frühen zwanziger Jahre, als die große Inflation nahezu alle angesammelten Vermögen vernichtet hatte, und andererseits durch die gemeinsame Erfahrung der Nachkriegszeit, die zu belegen schien, dass es zwar hie und da gewisse konjunkturelle Schwankungen geben könne, es im Großen und Ganzen aber wirtschaftlich ohne Unterbrechung weiter aufwärts gehen werde.

Anderenorts, vor allem in den USA und in Großbritannien, war man weniger vorsichtig. Schnell öffneten sich dort die Schleusen. Die in nahezu unvorstellbare Größenordnungen anwachsenden Mittel der staatlichen und privaten Pensionskassen wurden zum Spielgeld von Finanzmanagern, die bald zu vermeintlichen Magiern der Geldvermehrung mutierten. Zunehmend mussten die Aufsichtsbehörden klein beigeben, wurde doch den späteren Empfängern täglich eindrucksvoll vor Augen geführt, wie erfreulich ihre Altersversorgung anwuchs. Schnell fanden die einschlägigen Bankinstitute heraus, um wie viel ertragreicher als ihr klassisches Geschäft es sein konnte, Kunden bei ihrer Geldanlage zu beraten und ihnen dabei vermeintlich besonders attraktive Wertpapiere zu verkaufen: Allemal waren die verdienten Provisionseinnahmen weitaus lohnender als die früher so bescheidenen Zinsspannen aus der Kreditvergabe an oftmals unzuverlässige mittelständische oder gar kleinere Kunden.

Etwa um die gleiche Zeit, während der siebziger Jahre des 20. Jahrhunderts, erschütterte eine wahre Explosion der Ölpreise die westliche Wirtschaft. Im Ergebnis bekamen die erdölerzeugenden Länder, besonders im Mittleren Osten zu Hause, gewaltige Geldmengen in die Hände. Größeren Bedarf für eine Festlegung der Mittel in langfristige Investitionen – jedenfalls für die Anschaffung körperlich »anfassbarer« Güter – hatten sie kaum, noch Jahrzehnte sollte es dauern, bis der Irrsinn des Bauwahns manche der Golfstaaten, an ihrer Spitze Dubai, so spektakulär überfiel. Umso mehr legten die neuen Herren des Geldes jetzt Wert darauf, ihren Reichtum möglichst risikolos weiter zu mehren.

Beides zusammen, die dramatisch zugenommenen Rückstellungen für Pensionen und die Einnahmen aus der Ölproduktion, sorgten dafür, dass die Welt von heute auf morgen einen Zuwachs an anlagesuchendem Geld erlebte, wie ihn sich vorher niemand hätte vorstellen können. Es war die Geburtsstunde eine gänzlich neuen Interpretation des Bankberufs, die sich bald – wie es sich gehört – mit jenem schönen englischsprachigen Begriff in der ganzen Welt einbürgern sollte, von dem schon die Rede war: Investmentbanking. Diejenigen, die sich darauf verstanden, wurden plötzlich zu allseits gesuchten, von manchen gar angebeteten Stars, die nahezu nach eigenem Belieben festlegen konnten, was sie für ihre Dienste verlangen wollten. Konnte es da noch verwundern, dass die amerikanischen Banken zu Anfang des neuen Jahrtausends mit ihrem fast siebzig

Jahre andauernden Kampf gegen den verhassten Glass-Seagall Act endlich Erfolg hatten und beide Häuser ihres Parlaments das Gesetz ersatzlos aufhoben?

Ein neues Zeitalter war eingeläutet. Es machte das Roulettespiel im Kasino der Finanzmärkte zur täglichen Übung. Etwas jedenfalls in dieser Intensität grundlegend Ungewohntes kam aber noch hinzu: eine wie ein Buschbrand um sich greifende Seuche der Heuchelei. Sie sorgte dafür, dass hinter einer sorgfältig weiter gepflegten Maske der Seriosität die bis dahin allgemein als unseriös, ja als moralisch verwerflich angesehene Spekulation mit unsicheren Erwartungen auf die Zukunft von niemandem mehr ernstlich in Frage gestellt wurde. Was in den achtziger Jahren des 20. Jahrhunderts gleichsam hinter vorgehaltener Hand als schüchterner Versuch begonnen hatte, brauchte sich zu Beginn des folgenden Jahrzehnts schon kaum mehr hinter einer Maske zu verbergen. George Soros wurde fortan zum bewunderten Vorbild.

Gleich zu Beginn der neunziger Jahre hatte dieser beschlossen, dass die englische Währung, das Pfund Sterling, im Verhältnis zu den wichtigsten anderen europäischen Währungen überbewertet sei. Er wettete darauf, dass sich das bald ändern werde. Dies allein wäre noch nichts Außergewöhnliches gewesen und hätte sich nicht grundlegend von einem Einsatz beim Pferderennen unterschieden. Soros fand jedoch den Stein der Weisen, mit dem er dem Glück nachhelfen konnte. Mit riesigem Geldeinsatz, den er sich weitgehend geliehen hatte, kaufte der Börsenmagier gegen englische Pfunde andere Währungen, nicht zuletzt Deutsche Mark und Französische Francs, auf. Die starke Nachfrage löste, wie von ihm erwartet, eine massive Kurssteigerung dieser Währungen aus. Einen Teil davon tauschte er daraufhin zur Ablösung der anfangs aufgenommenen Kredite wieder in das entsprechend billiger gewordene Pfund Sterling zurück. Der Rest blieb ihm als milliardenschwerer Gewinn. Mit dieser fast schon genialen, inzwischen als Leergeschäft bekannt gewordenen und von vielen trickreich nachgeahmten Transaktion hatte Soros einer ganzen Branche endgültig die Augen geöffnet. Spekulatives Wetten war zum Gebot der Stunde geworden. Von jetzt an sollte es zum nahezu fraglos hingenommenen Maßstab für Können und Erfolg werden. Wer risikolos, sprich: mit dem Geld anderer, möglichst schnell reich werden wollte, musste entweder Investmentbanker werden oder einen Hedge-Fonds ins Leben rufen – noch besser: beides auf einmal.

Hedge-Fonds? Diese segensreiche Einrichtung der Finanzwelt hatte zu Beginn recht einfache, ja harmlos klingende Gründe. *Hedge*: Das bedeutet Hecke, also etwas, das nach außen schützt, das zugehörige Verb *hedging* kennzeichnet den Versuch, sich gegen mögliche Wettverluste durch Abschluss von Gegenwetten abzusichern. In diesem Sinne hatten viele Banken schon früh damit begonnen, exportierenden Unternehmen Möglichkeiten anzubieten, sich gegen Währungsverluste zu schützen. Die Nachfrage danach hatte erheblich zugenommen, weil stark schwankende Wechselkurse mehr als einmal die ursprüngliche Kalkulation und mit ihr die Preisangebote über den Haufen warfen und zu massiven Verlusten führten. Um diesem Risiko zu begegnen, konnte man bei den Banken zu einem festgelegten Wechselkurs die benötigte Menge an eigener Währung einkaufen und damit sicher sein, dass der in der fremden Währung eingehende Verkaufspreis dann

auch tatsächlich die – ja in der eigenen Währung ange-
fallenen – Herstellungskosten entsprechend der Kalkulation abdecken würde. Die Banken hingegen kassierten
für diese Hilfe eine Provision, während sie sich zugleich
gegen die von ihnen getragenen Risiken durch umge-
kehrte Kursgeschäfte absicherten.

Zu diesem Zweck mussten sie natürlich darauf achten, dass sich die Währungsbeträge, mit denen sie auf
diese Weise Handel betrieben, wenigstens einigermaßen
die Waage hielten. Dies war umso wichtiger, weil es
sich bald nicht mehr nur um den Austausch von zwei
bestimmten Währungen, sondern sozusagen um einen
ganzen Topf von internationalen Zahlungsmitteln handelte. Das war ohne die Hilfe komplizierter mathematischer Modellrechnungen nicht mehr zu bewältigen.
Als man dank der um die gleiche Zeit immer leistungs-
fähiger werdenden Computer gelernt hatte, mit solchen
Herausforderungen umzugehen, lag es dann schnell
nahe, die gewonnenen Fähigkeiten auf weitere Gebiete
auszuweiten, bei denen eine ungewisse Zukunft eine
ebenso wichtige Rolle spielte wie bei den Wechselkur-
sen. Die Entwicklung der Zinsen, die bei jeder Kalkulation eine entscheidend wichtige Rolle spielen können,
oder des Ölpreises sind dafür nur gute Beispiele unter
beliebig vielen anderen.

Dies war die Geburtsstunde eben jener modernen
Hedge-Fonds. Sie sollten fortan eine Welle von menschlichem Wahn auslösen: die Vorstellung, man könne
durch geschickte Spekulation mit geliehenem Geld
ebenso schnell wie uferlos reich werden. Ungebremste Gier trat an die Stelle vorsichtiger Vernunft, die bis
dahin als Markenzeichen vertrauenswürdiger Banken
gegolten hatte. Hinzu kam, dass schon seit geraumer

Zeit manche sich allwissend gebende Professoren die Erkenntnis verkündet hatten, dass die Zeiten vorüber seien, in denen sich nicht nur einzelne Menschen, sondern ganze Volkswirtschaften überwiegend durch die Herstellung von anfassbaren Gütern wie Automobilen, Röntgenapparaten oder Chemikalien zu ernähren pflegten. Zumindest sollte das für die sogenannte westliche Welt gelten: Deren Zukunft würde vor allem in der Entwicklung und Vermarktung von Dienstleistungen liegen, die traditionelle Arbeit der Hände also durch die schöpferische Kraft des Geistes ersetzt werden. Konnte es einen besseren Beweis für die Richtigkeit solcher Prophezeiungen geben als die Entdeckung, dass künftig durch Geldspekulation weit mehr als all das zu erreichen war, worum sich bis dahin ganze Generationen mit geduldiger Arbeit und im Schweiße ihres Angesichts gemüht hatten?

Die Versuchung musste wohl schon deswegen schier unwiderstehlich werden, weil sich die rund um die Welt frei verfügbaren Geldmengen immer stärker vermehrten. Bald waren es nämlich nicht mehr nur die sich ansammelnden Reichtümer der ölerzeugenden Länder und die Reservemittel der Pensionskassen, die eine gut rentierliche und trotzdem auf nicht allzu lange Zeiträume festliegende Anlage suchten. Vielmehr war die amerikanische Notenbank schon seit den neunziger Jahren, verstärkt aber seit der allgemeinen Panik nach dem verbrecherischen Terroranschlag vom 11. September 2001 auf das World Trade Center, zu der Überzeugung gelangt, dass eine kräftige Vermehrung des Geldangebots dazu beitragen würde, die gleich mehrfach schwerwiegenden Probleme, die sich seit einiger Zeit in den USA aufgebaut hatten, nicht in eine wirtschaftliche

Katastrophe münden zu lassen. Zu diesen Problemen zähle in erster Linie das unvorstellbar angewachsene, durch eine explodierende Zunahme der Auslandsverschuldung finanzierte Haushaltsdefizit. Entstanden war es durch die Politik des auch von so vielen europäischen Bewunderern bejubelten Präsidenten Ronald Reagan, der – nicht anders als sein späterer Nachfolger George W. Bush – massive Steuererleichterungen für die höheren Einkommen mit einer ebenso massiven Erhöhung der Rüstungsausgaben für vereinbar hielt. Hinzugekommen war eine sozialpolitisch mehr als besorgniserregende Entwicklung in der Alters- und Gesundheitsversorgung der einkommensschwächeren Bevölkerung, die dringend einer finanzpolitischen Stützung bedurfte (wobei es danach noch bis zur Amtsperiode von Präsident Obama dauern sollte, bis eine wenigstens einigermaßen tragfähige Lösung gefunden und durchgesetzt werden konnte).

Vor allem der langjährige Chef der Notenbank, Alan Greenspan, war es, der nun meinte, den Schlüssel zur Lösung aller Probleme gefunden zu haben. Dazu muss man allerdings wissen, dass sich die Aufgaben des von ihm noch auf viele weitere Jahre mit höchstem internationalen Respekt geführten Instituts, im Unterschied zu den europäischen Notenbanken, nicht nur auf die Wahrung der Geldwertstabilität, also den Schutz vor Inflation, beschränkten, sondern eine Mitverantwortung für die Wirtschaftspolitik des Landes einschlossen. Die Konsequenzen, die daraus gezogen wurden, sollten sich in der Folge als eine der entscheidenden Ursachen für die weltweite Finanzkrise herausstellen, die uns bis heute in Atem hält. Die drastische Senkung der sogenannten Leitzinsen, also der Zinsen, die durch die Geschäftsbanken an die Notenbanken für das bei ihr geliehene Geld zu zahlen sind, löste nämlich eine bis dahin unvorstellbare zusätzliche Ausweitung der im Kreislauf zwischen den Banken zur Verfügung stehenden Geldmengen aus. Belief sich 1980 das weltweite Finanzvermögen noch auf (auch damals schon unvorstellbare) 12 Billionen (das sind 12000 Milliarden) Dollar, explodierte es bis 2007 auf eine mehr als 15-fache Größenordnung. Diese Geldmittel machen viermal so viel aus wie die jährliche Wirtschaftsleistung der gesamten Welt. Dank der modernen Informationsmittel können sie zudem in Bruchteilen von Sekunden rund um den Globus bewegt werden, wobei nur noch ein winziger Anteil davon dem weltweiten Warenhandel dient. Der Rest ist Spielmasse für diejenigen, deren Gier nach immer größerem Reichtum keine Grenzen kennt.

So wussten die großen internationalen Bankinstitute bald kaum noch, was sie mit ihrem so billig geliehenen Geld anfangen sollten. Der doch erst kurz zurückliegende Börsencrash der Jahrtausendwende, der Zusammenbruch der angebeteten New Economy, war offensichtlich schon wieder vergessen. Dabei lag es ja doch kaum mehr als zehn Jahre zurück, dass man darauf gesetzt hatte, nach vermeintlich äußerst sorgfältiger Prüfung der jeweiligen Seriosität in neugegründete »junge« Unternehmen mit dem erklärten Ziel zu investieren, die Beteiligung möglichst bald und mit Gewinn wieder abzustoßen. Das war die Zeit der von Franz Müntefering so plastisch umschriebenen Heuschrecken. Jetzt indes musste es noch einfacher gehen – und vor allem: schneller. Den Konsumenten wurde vorgegaukelt, was man alles mit Krediten anfangen konnte, die praktisch umsonst waren. Plötzlich wurde es ohne Einsatz von erspartem Geld möglich, nach Herzenslust mit dem Erwerb von Aktien und sonstigen Wertpapieren zu spekulieren. Mit einer Unzahl von Kreditkarten im Portemonnaie konnte man zudem ungebremst all die schönen Dinge kaufen, deren Erwerb man schon so lange vor sich her geschoben hatte: nicht nur Autos, sondern von der Urlaubsreise bis zum neuen Fernseher auch alles andere. Und selbst wenn man ein »Ninja« war, jemand ohne Einkommen (*no income*), ohne Arbeit (*no job*) und ohne Vermögen (*no asset*), wurde es jetzt genauso einfach, im Handumdrehen und auf Raten ein neues Haus zu kaufen – ohne irgendwelche Gedanken darauf verschwenden zu müssen, dass die Zinskosten für die aufgenommenen Kredite irgendwann auch wieder steigen und den vermeintlichen eigenen Besitz ins Unerträgliche belasten könnten.

Das Eldorado, ja das ewige Schlaraffenland schien angebrochen. Der Frau und dem Mann auf der Straße stand es mit unbegrenzten Krediten genauso offen wie der gesamten Finanzindustrie das Paradies der Milliardengewinne. Zugleich beharrte Greenspan darauf, dass jede aus seiner Sicht übertriebene Regulierung nicht nur überflüssig, sondern des Teufels sei. Kaum mag man es glauben, aber das galt sogar für eine offizielle Lizenzierung der neuartigen Anbieter und Händler einer bisher gänzlich unbekannten Generation von sogenannten Wertpapieren. Sie liefen unter dem Begriff der Zertifikate und setzten sich aus Bestandteilen zusammen, die in der Regel so aussagefähige Bezeichnungen wie CDS (Credit Default Swaps), ABS (Asset Backed Securities) oder CDO (Collataralized Debt Obligations) trugen. Immerhin hatte es gute Gründe gegeben, warum die traditionellen Banken in der ganzen Welt seit jeher einer

40

staatlichen Bestätigung ihrer Zuverlässigkeit bedurften. Jetzt meinte man hingegen, auf eine Überprüfung der neuartigen Geschäfte aller Art verzichten zu können – also auf die staatliche Überwachung eines Marktes, den es dreißig Jahre zuvor praktisch nicht gegeben hatte. Mittlerweile war er weltweit auf die unvorstellbar große Summe von vielen Hunderten Milliarden US-Dollar angeschwollen. Weitere Hedge-Fonds schossen aus dem Boden wie Pilze nach einem warmen Regen: Nicht nur, dass sie bei ihrer Gründung keiner behördlichen Zulassung mehr bedurften, ihre Tätigkeit unterlag auch danach keinerlei behördlicher Aufsicht. Noch dazu konnten sie sich ohne Schwierigkeiten in steuerbegünstigten Oasen auf irgendwelchen pittoresken Karibikinseln niederlassen und so die Zahlung lästiger Steuern vermeiden.

Etwa um die gleiche Zeit wurde vermittels des uramerikanischen Vertrauens in die unbezähmbaren Kräfte der Marktwirtschaft eine weitere Neuerung in die Welt gesetzt. Den zaghaften Europäern drängte man sie bald darauf mit mehr oder minder brutalen Überzeugungsmitteln gleichfalls auf. Sie sollte sich vor allem in den Taschen der Finanzjongleure als zusätzliche Vermehrung ihres Einkommens und ihrer Vermögen niederschlagen. Es ging um etwas, was einem Laien auf den ersten Blick wie eine langweilige Erfindung von Buchhalterseelen anmutet: die Regeln für die Erstellung von Bilanzen. Ursprünglich waren sie einmal geprägt gewesen durch das Prinzip der Vorsicht bei der jährlichen Bewertung des eigenen, nicht nur für vorübergehende Zwecke in den Büchern geführten Vermögens. Bei Wertpapieren bedeutete dies, dass sie höchstens mit den Beträgen zu Buche stehen durften, zu denen sie angeschafft worden waren. Lagen die Börsenkurse zum Stichtag der Bilanzierung niedriger, mussten entsprechende Abwertungen vorgenommen werden. Sollten umgekehrt die Börsenkurse selbst ins Uferlose gestiegen sein, galt es hingegen als unumstößliches Gesetz der Vorsicht, dass eine Aufwertung strengstens untersagt war. Das wurde nun geändert. Fortan durften nicht nur, sondern mussten sogar die jeweiligen neuen Werte und mit ihnen die entsprechende Differenz als Gewinn ausgewiesen werden.

Als besonders segensreiches Beispiel dafür ist später einmal das Phänomen in die deutsche Wirtschaftsgeschichte eingegangen, dass Porsche mit den in seinen Büchern stehenden Optionen auf VW-Aktien mühelos mehr verdienen konnte, als der gesamte Umsatz des Unternehmens in dem betreffenden Geschäftsjahr ausmachte. Der Gewinn stand zwar nur auf dem Papier (und sollte sich schon im folgenden Jahr in eine größere Verlustposition wandeln), doch dem Vorstandsvorsitzenden und dem Finanzchef trug er zunächst einmal einen großartigen Bonus ein. Als Begründung für die neue Bewertungsregel diente im Übrigen ein wunderbares Argument: Die Aktionäre sollten auf diese Weise erfahren, dass sie und niemand sonst darüber zu entscheiden hätten, ob der auszuweisende Gewinn an sie auszuschütten sei oder im Unternehmen verbleiben dürfe.

Die fast zwangsläufige Folge solcher »Kreativität« liegt auf der Hand: Es gab nun kein Halten mehr. Verborgen hinter der verlässlichen Maske scheinheiliger Heuchelei konnte die große Rallye ungezügelter Gier beginnen. Das Startsignal war von den USA, von der Wall Street in New York, ausgegangen. Blitzschnell wurde das Rennen aufgenommen und in vielfacher Verstärkung von der Londoner Börse zum Massenlauf ausgeweitet. Ohne Atem zu holen, schlossen sich die Länder im Fernen Osten, die ihre Märkte bereits geöffnet hatten, dem Rennen an. Einzig die Volksrepublik China achtete streng darauf, die als Gegenleistung für ihre Exportüberschüsse auch bei ihr explodierenden Währungsüberschüsse penibel unter dem Regiment ihrer Regierung und damit der Kommunistischen Partei zu halten. Mehr oder minder ohne Widerstand gaben sich hingegen alle anderen, an der Spitze die Europäer, den Versuchungen einer unreglementierten Zockerei hin. Ein Wunder war das kaum. Der Chorgesang, mit dem Bankenwelt, Wirtschaft, Unternehmensberater, Wirtschaftsinstitute und Professoren das Lied von der Überlegenheit und den glorreichen Zukunftschancen einer entfesselten Marktwirtschaft anstimmten, war übermächtig. Schüchterne Warnungen wurden voller Herablassung ob so viel Kleinmuts als weiterer Beweis dafür abgetan, dass das »Alte Europa« (von dem der famose ehemalige amerikanische Verteidigungsminister Donald Rumsfeld im Zusammenhang mit dem Einfall seiner Truppen in den Irak so verächtlich gesprochen hatte) ganz offensichtlich auch mit den wirtschaftlichen Herausforderungen der neuen Zeit nicht mehr mithalten könne. Von nun an sollten die Börsen der Welt ohne altväterliche Vorsicht die Stadien sein, in denen die Entscheidungen über Sieg oder Niederlage im globalen Wettbewerb fallen würden.

So vollendete die internationale Finanzwelt ihren inneren und äußeren Wandel. Wenige Jahre zuvor wäre er noch unvorstellbar gewesen. Über Jahrhunderte hinweg hatte sie eine dienende und unterstützende, ganz auf den Grundsatz kaufmännischer Vorsicht abgestellte Rolle für die reale Wirtschaft gespielt. Nun hatte sie sich von einer Hilfsbranche zu einem gänzlich eigenständigen, zu einem gleichwertigen – wenn nicht sogar übergeordneten – Wirtschaftszweig gewandelt. Geld, bis dahin kaum mehr als das Zahlungsmittel, das dazu diente, den weltweiten Kreislauf der Wirtschaft aufrechtzuerhalten (und den Umtauschwert von angesammelten Vermögen anzugeben), hatte einen grundlegend neuen Charakter angenommen: Es war zur Ware geworden. Wer damit handelte, konnte weit schneller und einträglicher Gewinne machen als mit den klassischen Mitteln für die Finanzierung der Industrieproduktion. Die mühselige Vergabe von Krediten und die nicht minder arbeitsreiche Verwaltung von fremdem Geld und Vermögen hatten sich zu einer neuartigen »Industrie«, der Finanzindustrie, gehäutet.

Erstaunen konnte es da kaum, dass diese Entwicklung begleitet, ja sozusagen legitimiert wurde durch einen Wandel der Begriffe. Hatte man früher einmal unter dem Begriff »Produkt« körperliche Erzeugnisse verstanden, sprach man mit einem Mal, ohne näher nachzudenken, ganz selbstverständlich von Finanzprodukten. Ein entscheidender Unterschied wurde freilich dabei übersehen. Unter einem Auto, einer Maschine, einem Medikament oder einem Gebäude kann sich jeder normale Mensch etwas vorstellen – unter einem Derivat können dies nur die allerwenigsten. Das hatte seine Gründe. Denn hinter solchen (und anderen) neuen Finanzprodukten standen Gebilde, die durch ausgefuchste Experten unter Zuhilfenahme kompliziertester mathematischer Rechenmodelle ständig neu entwickelt wurden und sich dabei über mehrfache Stufen hinweg immer weiter in rein abstrakte Vorstellungswelten ausweiteten.

Wir haben schon gesehen, dass die Banken auf der Grundlage des vorhandenen Überflusses an Geld schon seit Jahren begonnen hatten, an eine Unzahl von kleinen Kunden in mehr als freigiebiger Weise Kredite für Konsumzwecke zu vergeben. Das konnte über Kreditkarten geschehen, die keiner Deckung mehr durch die jeweiligen Bankkonten der Kunden bedurften – oder es waren, gegen Eintragung einer Hypothek, Kredite für den Bau oder den Kauf von Häusern, bei denen ohnehin längst auf den früher einmal unverzichtbaren Nachweis eines wenigstens bescheidenen eigenen Beitrags verzichtet wurde. Eine neue Idee war zudem bald geboren, wie man mit solchen Kreditforderungen noch mehr Geld verdienen konnte. Das Zauberwort hieß Verbriefung. Das geschah, indem die Erfinder dieser neuartigen, begeistert als innovativ bezeichneten Finanzprodukte Kreditforderungen aller Art, große und kleine, sichere und unsichere, bei den Banken aufkauften, sie in einen Topf warfen, nach ausgeklügelten Rezepten mischten und daraus etwas machten, was man einen Fonds zu nennen pflegt. Diesen wiederum konnte man in Anteilsscheine, die schon erwähnten Zertifikate, aufteilen und an interessierte Kunden, also Anleger aller Art, verkaufen. Gelang das, war man jegliches Risiko los, dafür aber um erhebliche Provisionseinnahmen reicher.

Dem Erfindungsreichtum schienen keine Grenzen mehr gesetzt. Denn natürlich brauchten es ja nicht nur Kreditforderungen zu sein, die man auf diese Weise verbriefte. Dasselbe Prinzip konnte man auf die verschiedensten Wettgeschäfte anwenden, die Entwicklung der Ölpreise oder der Börsenkurse, auf die Wechselkurse oder Fußballergebnisse, ja sogar auf das Wetter. Doch damit nicht genug: Natürlich konnte man auch zur nächsten oder übernächsten Stufe voranschreiten und die Zertifikate ihrerseits bündeln, verbriefen und als solche verkaufen. Noch einmal lukrativer für deren Erfinder war es jedoch, die Papiere nicht nur einzeln für sich (auch das schon einträglich genug), sondern als Bestandteil eben eines ganzen Fonds anzubieten. Eine geeignete Fondsgesellschaft neu zu gründen: Das war das Gebot der Stunde für alle diejenigen, die darauf hoffen durften, durch großzügige Provisionseinnahmen reich zu werden. Weltweit schossen Tausende solcher Gesellschaften aus dem Boden, Fondsmanager wurde zum Traumberuf. Eine im Sinne des Wortes virtuelle, nur noch in der Vorstellung ihrer Schöpfer bestehende Welt war geboren – bösartige Zungen verglichen sie gar mit einer Kettenbriefwirtschaft.

Alles ging. 2006, als der Begeisterungsboom auf seinem Höhepunkt angelangt war, wurden Forderungen aller Art mit einem Gesamtwert von mehr als 900 Milliarden Dollar verbrieft und erfolgreich verkauft. Vorsicht, über Jahrhunderte hinweg Maßstab für verlässliche Banken und Versicherungen, wurde zum widerstandslosen Opfer eines weltweiten Herdentriebs. Der einzige Maßstab hieß Gewinn. Ob man durch die eigenen Aktionäre als erfolgreich anerkannt wurde oder nicht, hing davon ab, ob man das von diesen zur Verfügung gestellte Eigenkapital jährlich um mindestens ein Viertel zu mehren verstand oder nicht. Je näher man diesem Ziel kam, desto höher das eigene Einkommen. Diejenigen Investmentbanker unterhalb der Leitungsgremien der Banken, die für die kreative Gestaltung der neuen Finanzprodukte und deren erfolgreiche Vermarktung zuständig waren, mussten ohnehin mit unvorstellbaren, ja mit phantastischen Belohnungen bedacht werden, weil die dringende Gefahr bestand, dass sie ansonsten zur Konkurrenz abwandern könnten. Umso weniger durfte natürlich die Entwicklung auch vor denjenigen, die letzten Endes die Verantwortung für das Gedeihen ihres Instituts trugen, einfach haltmachen. Die jährliche Auszahlung millionenschwerer, immer unvorstellbarer anwachsender Boni wurde zur allgemeinen Übung. Im Stillen mögen viele darüber den Kopf geschüttelt haben – ernsthaft in Frage stellte sie niemand. Ethische oder moralische Bedenken gehörten längst in den Mülleimer einer vergangenen Zeit. Wurde von lästigen Mahnern versucht, daran zu erinnern, gab es ein Gegenmittel, das unbesehen und verlässlich Wirkung versprach: die Beteuerung, dass man bei seinem Handeln sorgsamst alle nur denkbaren Risiken bedacht habe und mit seinem verantwortungsbewussten Handeln Wohlstand und Frieden unserer freiheitlichen Gesellschaft fördere. Moral und Anstand wurden zu Eigenschaften, derer man sich weihevoll rühmte – doch in Wirklichkeit zählte nichts anderes als die Mehrung des eigenen Vermögens.

Für die Protagonisten und Nutznießer dieses Wahnsinns konnte es damit nur noch ein Loblied geben: das auf die Heuchelei. Deren Stunde war endgültig angebrochen. Denn sie machte es möglich, der geneigten Kundschaft erfolgreich vorzuspiegeln, dass man in einer unverändert seriösen Branche Verantwortung für das Wohlergehen derjenigen trage, die einem ihr Geld anvertrauen. Das schließt natürlich nicht aus, dass sich unter den Akteuren auch manche Zeitgenossen befanden, denen der moralische Mangel ihres Handelns in keiner Weise bewusst wurde: Zu den charakteristischen Eigenheiten erfolgreicher Heuchelei gehört es nun einmal, das Gewissen der Beteiligten zu schonen, indem sie es ihnen leichtmacht, die Wahrheit, die man hie und da in sich selbst verspürt, zu verdrängen.

Von dem Aufkommen neuer Begriffe war schon die Rede. Noch ein weiterer trug dazu bei, dass sich die klassische, früher einmal von niemandem angezweifelte Unterscheidung zwischen echten und nur eingebildeten Werten immer mehr verflüchtigte. Im täglichen Wortgebrauch tauchte plötzlich die Rede von der Kapitalvernichtung auf. Dahinter versteckte sich nichts anderes als eine ebenso unbesehene wie abgöttische Verherrlichung der Kurse, mit denen Aktien an der Börse gehandelt wurden. Wehe, wenn sie fielen. Die Gründe dafür mochten ganz woanders als bei dem betroffenen Unternehmen selbst zu suchen gewesen sein. Sie konnten ohne weiteres mit einer allgemein rückläufigen Börsenentwicklung, mit puren Gerüchten oder mit Schwankungen zu tun haben, die eine ganze Branche berührten. Nicht immer, aber oft genug, hingen solche vermeintlichen Wertverluste auch nur mit der Veröffentlichung der neuesten Quartalsergebnisse zusammen. Diese Unsitte war gleichfalls aus den USA übernommen worden, mit der Absicht, die Aktionäre jeweils so zeitnah wie möglich über die Ertragsentwicklung ihres Unternehmens zu unterrichten. Jedenfalls begann jetzt ohne Verzug das laute Geschrei, dass mit dem Kursverlust das Kapital der Aktionäre »vernichtet« worden sei. Ein besonders skurriler Fall aus der täglichen Praxis mag als Beispiel dafür dienen, welcher schiere Unsinn sich dahinter verbarg: Fälschlich hatte ein Moderator während einer Wirtschaftssendung von einer Umsatzentwicklung des

Internet-Unternehmens Google berichtet, die anscheinend nicht den bisherigen Erwartungen genügte, und bereits nach Minuten hatte der Börsenwert nahezu zwei Milliarden Dollar eingebüßt – nur um als Folge einer bald nachgeschobenen Korrektur wieder drastisch zuzulegen.

Nun ahne ich zumindest, dass es in den gelehrten Bibliotheken der Ökonomen wie der Philosophen ganze Bücherwände voll kluger Untersuchungen und Dispute darüber gibt, was in wirtschaftlichen Zusammenhängen eigentlich unter dem Begriff des Wertes zu verstehen ist. Wohl mag es sein, dass nach allgemeiner Überzeugung als Wertmaßstab für die Beteiligung an einem Unternehmen, also eine Aktie, nur der Betrag gelten kann, zu dem diese gegen flüssiges Geld umzutauschen ist. Als Gegenbegriff zu einer »Kapitalvernichtung« wurde zwar die »Schaffung von Kapital« im täglichen Wortgebrauch weniger oft verwendet – doch hätte es durchaus dem Verständnis entsprochen, das an den zeitgenössischen Wirtschaftshochschulen zum Allgemeingut gehörte: dass diejenigen Unternehmen, deren Börsenkurs anstieg, damit sozusagen automatisch Kapital schufen. Nur wenige Ökonomen (wie etwa der unbeirrbare Hans-Christoph Binswanger) waren es, die darüber klaren Kopf behielten und sich an den Abgrund erinnerten, der – damals wie heute – wirklich werthaltiges Kapital, nämlich dauerhaft beständiges Vermögen, von reinem Buchgeld unterscheidet, dessen Wert von mehr oder minder äußerlichen Einflüssen wie etwa einer allgemeinen inflationären Entwicklung abhängig ist.

Auch insofern weiß ich übrigens aus persönlicher Erfahrung recht genau, wovon ich rede. Zeitweise hatte ich nämlich die Ehre, sowohl in Aktionärsversammlungen als auch von manchen Professoren als »größter Kapitalvernichter aller Zeiten« tituliert zu werden. Das ging darauf zurück, dass der Börsenwert der damaligen DaimlerBenz AG während eines bestimmten Abschnitts innerhalb der Zeit, während der ich als Vorstandsvorsitzender Verantwortung trug, einen Milliardenbetrag an Deutscher Mark eingebüßt hatte. Bis heute können mich freilich solche Anwürfe nicht um den Schlaf bringen. Unverändert bleibe ich fest davon überzeugt, dass der materielle Wert einer Aktie – und damit des ganzen Unternehmens – nicht an der Zufälligkeit des Börsenkurses an einem beliebigen Stichtag festzumachen ist. Solange das Papier nicht verkauft ist, geht es lediglich um einen rein virtuellen Wert. Abhängig von einer Fülle von Einflussfaktoren ändert sich dieser, wie gesagt, oft genug von heute auf morgen. Auf die Dauer maßgeblich kann daher einzig und allein die wirkliche wirtschaftliche Substanz des betreffenden Unternehmens sein.

Diese aber ist und bleibt abhängig von Entscheidungen und Maßnahmen, die sich in aller Regel nicht von einem Tag auf den anderen, sondern – wie zum Beispiel Investitionen in die eigene Forschung oder die Entwicklung neuer Produkte – erst längerfristig auswirken. Alles andere führt ebenso direkt wie unausweichlich auf einen Irrweg. Eine ganze Herde von Managern ist ihm jedoch bis heute willigst gefolgt. Weil »die Börse es so will«, musste fortan darauf verzichtet werden, bewusst auch einmal eine gewisse Durststrecke in Kauf zu nehmen, um Strategien in die Tat umzusetzen, deren Erfolg sich womöglich erst nach Jahren erweist. Jeder Gedanke, den zukünftigen Bestand des Unternehmens etwa durch den Aufbau neuer Geschäftsfelder sichern zu wollen, entfällt damit von vornherein. Als logische Folge wurde inzwischen die glorreiche Erfindung der »Kernkompetenz«, auf die man sich stattdessen zu konzentrieren habe, zum Grundgesetz des Wirtschaftens. Auch dies findet seine Ursache in der bereitwillig aus den USA nach Europa übernommenen Sitte, jeweils am Ende eines Quartals genauestens über die Entwicklung der jeweiligen Unternehmenserträge berichten zu müssen. Angeblich soll dies den Aktionären ihre Entscheidung erleichtern, ob sie ihre Aktien behalten oder verkaufen wollen. In Wirklichkeit verbirgt sich allerdings bereits auf den ersten Blick dahinter nichts anderes als ein Ausfluss jener grundsätzlichen Einstellung, auf die auch all die anderen Entwicklungen auf den weltweiten Finanzmärkten zurückzuführen sind, von denen die Rede war und die uns nahezu in die Katastrophe geführt haben: des nahezu religiösen Glaubens an den Segen und an die unwiderstehliche Kraft des schnellen Geldes.

25 – in Worten: fünfundzwanzig! – Prozent: So lautet die Formel, in der diese Art moderner Gläubigkeit sich für jedermann erkennbar niederschlägt. Nach der Überzeugung des derzeit verantwortlichen Managements soll sie beispielsweise die Messlatte bezeichnen, an der sich die Leistungs- und Wettbewerbsfähigkeit eines großen, weltweit tätigen Bankhauses wie der Deutschen Bank auszurichten haben. Angeblich entspricht das der allgemeinen Erwartung an den Börsen der Welt – und deswegen ist es keineswegs nur der gern gescholtene Vorstandsvorsitzende des Instituts, der sich so vehement dafür einsetzt. Die ominöse Prozentzahl zielt auf die Rendite, also den jährlich erwirtschafteten Gewinn, bezogen auf das im Unternehmen gebundene Eigenkapital. Anders ausgedrückt: Spätestens nach vier

Geschäftsjahren sollen die Aktionäre alles Geld zurückerhalten können, das sie dem Haus zur Verfügung gestellt haben, um fortan, befreit von jeglichem eigenen Risiko, am weiteren Gewinn teilhaben zu können.

Müßig, darüber nachzusinnen, was Persönlichkeiten wie Hermann Josef Abs oder Alfred Herrhausen von einer solchen Einstellung gehalten hätten. Vermutlich wäre es ihnen nicht einmal im Traum eingefallen, Zielsetzungen dieser oder ähnlicher Art als sozusagen naturgesetzlich vorgegebene Marktzwänge einfach ungefragt hinzunehmen und daraufhin ihre Bank, die seit jeher in der Tradition langfristiger Denkweise und behutsamen, wenn auch stetigen Wachstums gestanden hatte, allein auf solche Ziele auszurichten. Nicht weniger wahrscheinlich erscheint es mir freilich, dass derartige nostalgische Reminiszenzen eher fruchtlos sind. Die Zeiten haben sich tatsächlich grundlegend gewandelt: Mögen uns die Erfahrungen nicht nur einer langen Menschheitsgeschichte, sondern auch der – bis heute keineswegs überwundenen – weltweiten Finanz- und Wirtschaftskrise noch so furchterregend deutlich vor Augen stehen, die Gier nach jenem schnellen Geld ist offenbar zu einer Geißel geworden, der sich niemand mehr entziehen kann. Jedenfalls scheint das so, und der Geist der Heuchelei versucht uns jeden Tag neu nicht nur deutlich zu machen, dass Gegenwehr zwecklos ist, sondern weit mehr als das, dass ungezügelte persönliche Gier in Wahrheit dem Wohl der Allgemeinheit dient.

Das Ende der Story ist bekannt. Rund um den Globus mussten die Staaten den Finanzjongleuren und ihren Opfern mit Hilfen zur Seite springen, die dem Gegenwert von vielfachen Billionen an Euros entsprechen. Im wahrsten Sinne des Wortes niemand – auch nicht der klügste Zahlenmensch und schon gar nicht die verantwortlichen Regierungen – kann sich im Ernst vorstellen, welche Belastungen dies in Zukunft für die jeweiligen Volkswirtschaften und ihr weiteres Gedeihen nach sich ziehen wird. Gewiss machen reine Bürgschaften, die womöglich nicht eingelöst werden müssen, einen nicht unbeträchtlichen Teil der Hilfsmaßnahmen aus. Ein anderer Teil könnte, wenn alles gutgeht, vielleicht auf Wertpapiere entfallen, die später ohne Verlust wieder verkauft werden können. Der verbleibende Rest wird dennoch so groß sein, dass Generationen von Steuerzahlern daran zu arbeiten haben werden, ihn zu tilgen. Es war eben eine Seifenblase von gigantischem Ausmaß, die vom einen auf den anderen Tag – und von den meisten gänzlich unerwartet – geplatzt war. Dabei hatte der unvergessliche Erich Kästner doch schon 1929 von den Bankern gewusst: »Sie glauben (…) nicht recht an Gott./Sie haben nur eine Sympathie./Sie lieben das Geld. Und das Geld liebt sie./(Doch einmal macht jeder Bankrott!)«

Ausgelöst wurde die Katastrophe durch den Zusammenbruch der amerikanischen Immobilienmärkte. Die Nachfrage, die über Jahre hinweg mit kräftiger Unterstützung der Regierungen in Washington immer stärker angeheizt worden war, nahm nicht mehr weiter zu. Jede Familie, die überhaupt dafür in Frage kam, besaß inzwischen ein ihr angemessen erscheinendes Haus. Für eine gewisse Zeit stagnierten nun zunächst die Kaufpreise. Dann aber begannen sie plötzlich zu sinken. Das löste einen Wettlauf unter den kreditgebenden Banken aus. Im Vertrauen auf ewig weiter steigende Preise waren sie vorher so leichtfertig gewesen, nicht nur den gesamten Hauserwerb, sondern oft genug auch noch einen darüber hinausgehenden Bedarf der glücklichen neuen Eigentümer zu finanzieren. Angesichts der rapide anwachsenden Zinslasten war jetzt auf einmal ein Großteil der Schuldner nicht mehr in der Lage, pünktlich die fälligen Raten zu zahlen. Für die Banken bedeutete das, dass sie dringend dafür sorgen mussten, ihre offenen Forderungen durch einen Weiterverkauf der Häuser wenigstens so weit wie möglich zu realisieren. Für die entsprechenden Ausfälle gab es freilich in ihren Büchern keinerlei ausreichende Reserven.

Hinzu kam, dass nun die Zeche für jene geniale Erfindung der Verbriefung von Kreditforderungen und ihrer mit sonstigen Finanzgeschäften gebündelten Vermarktung fällig wurde. Ein großer Teil der entsprechenden Zertifikate verlor urplötzlich drastisch an Wert. Die Käufer, denen man regelmäßig versichert hatte, dass die Papiere vermittels ihrer geschickten Zusammensetzung gegen jegliche ernsthafte Wertminderung gefeit seien, gerieten in Panik. Jeder, der damit beglückt worden war, versuchte, so schnell wie möglich zu verkaufen. So brach auch dieser Markt ein – und mit ihm die Banken und sonstigen Finanzakteure, die sich zuvor so erfolgreich auf ihm getummelt hatten.

Kaum wird es da überraschen, dass selbstverständlich niemand an dem Debakel schuld sein wollte, weder die unmittelbar beteiligten Bankenvorstände oder die Fondsmanager, noch die Gurus in den Notenbanken oder die vielfältigen Aufsichtsbehörden in aller Welt. Und natürlich noch weniger die Heerscharen von sogenannten Analysten. In der Regel waren und sind das altersmäßig eher jüngere Mitarbeiterinnen und Mitarbeiter, die vorzugsweise im Hintergrund bleiben. Vorgeschickt werden sie freilich gern, wenn es darum geht, durch Stellungnahmen in irgendwelchen Medien dazu beizutragen, dass sich der Name des Finanzinstituts, für das sie arbeiten, beim breiten Publikum als sachkundig herumspricht. Das wiederum hängt damit zusammen, dass es ihnen ihre Arbeitgeber dank einer vermeintlich qualifizierten Ausbildung zutrauen, die augenblickliche ebenso wie die zukünftige Stärke von einzelnen Unternehmen einschätzen zu können. Weit überwiegend pflegen sie allerdings solche Urteile aus Kenntnissen herzuleiten, die nur selten aus wirklich verlässlichen Unternehmensdaten, sondern überwiegend aus spekulativen Annahmen stammen, die Gerüchtehändlern besser zu Gesicht stünden als seriösen Geschäftsleuten. Allzu fremd dürften derartige Neigungen freilich auch einer ganzen Reihe von Bankvorständen kaum sein, die sich über lange Zeit in den Aufsichtsräten der meisten deutschen Industrieunternehmen mit dem Anspruch wohl fühlten, sie verstünden ernsthaft etwas von dem jeweiligen Geschäftszweig. Den einen oder anderen davon habe ich im Verlaufe meines eigenen Lebens leider näher kennenlernen müssen, als es mir lieb gewesen wäre.

Doch was wiegt schon der Einfluss dieser Analysten gegen jene kleine Anzahl weiterer Experten, die bis vor kurzem eine besondere Spielart des Marktgeschehens beherrscht haben: die Rating-Agenturen? Drei von ihnen hatten sich schon seit langem eine Art Monopolstellung dafür erarbeitet, die Zahlungsfähigkeit und Seriosität von Wirtschaftsunternehmen zu beurteilen: Standard & Poor, Moody's und Fitch. Unbesehen pflegten sich die Geschäftsbanken auf deren Urteil zu verlassen, wenn sie um die Vergabe von Krediten angegangen wurden. Eingestuft nach Kategorien, die mit einer Kombination aus Buchstaben und Zahlen gekennzeichnet waren, wurden auf dieser Grundlage unterschiedlich hohe Zinsen für die Kredite berechnet. Da die entsprechenden Beurteilungen allgemein zugänglich waren, bildeten sie zugleich ein beliebtes Kriterium für die Entwicklung des jeweiligen Börsenkurses. Als Gegenleistung für die Bewertung ihrer Kreditwürdigkeit hatten die betreffenden Unternehmen natürlich erhebliche Provisionsgebühren zu bezahlen. Das führte dazu, dass die Agenturen ihrerseits zu den Lieblingen ihrer eigenen Aktionäre zählten. Anderseits zogen sie mit ihrer nahezu marktbeherrschenden Stellung nicht nur den kritischen Blick zumindest einiger nationaler Kartellbehörden auf sich, sondern auch die Begehrlichkeit zusätzlicher neuer Konkurrenten. Zu Beginn des neuen Jahrtausends tummelte sich daher bereits eine beträchtliche Zahl von ihnen auf den internationalen Märkten. Ihre große Zeit begann, als die Kreativität der Finanzmanager immer neue Möglichkeiten eröffnete, mit Geldgeschäften aller Art reich zu werden. All die schönen neuen Verbriefungen in ihren täglich neuen Verpackungen: Fortan wurden sie mit dem Bewertungsstempel irgendeiner Rating-Agentur ausgestattet – und den blauäugigen Anlegern damit vorgetäuscht, dass sie sich auf die Sicherheit der ihnen verkauften Wertpapiere verlassen könnten.

So lebte die Welt in dem angenehmen Gefühl, dass nach dem Ende des Kalten Krieges und dem Zusammenbruch des kommunistischen Systems eine gänzlich neue Ära angebrochen sei: die Ära der weltweiten freien Marktwirtschaft – und mit ihr das Paradies eines fortan immerwährenden Wachstums von Reichtum und Vermögen. So lange, bis sich mit einem Mal, wenn auch so fern am Horizont, dass es nur die hellsten Ohren zu hören vermochten, ein leises Donnergrollen bemerkbar machte. Es setzte, wie gesagt, 2007 mit den ersten Insolvenzen auf dem amerikanischen Immobilienmarkt ein. Damit aber war oben am Berg die Lawine losgetreten – und raste die Hänge mit immer größerer Geschwindigkeit herunter.

Am Ende stand das Fiasko. Die Bücher unzähliger amerikanischer Banken liefen auf einmal über mit faulen Krediten, die abgeschrieben werden mussten, weil die Schuldner zahlungsunfähig waren. Noch viel schlimmer: Die Lawine hatte keineswegs nur die USA und deren Bankensystem getroffen. Die Wertpapiere aller Art, in denen die notleidend gewordenen Immobilienkredite zusammen mit allerhand anderen mehr oder minder wagnisgespickten Wett- und sonstigen Forderungen verpackt worden waren, lagen ja längst in den Tresoren der Finanzinstitute in ausnahmslos allen Ländern der globalisierten Welt. Ein anderer Teil war in den USA wie überall sonst als Anlagepapiere an die Vermögenden verkauft worden. Nahezu zwangsläufig war damit die dringende Gefahr vorgezeichnet, dass der Zusammenbruch der ersten einschlägigen Bank eine weltweite Kettenreaktion auslösen konnte. Ihr Name sollte in der Tat Geschichte machen: Lehman Brothers.

So hieß jene Bank, die es als Erste nicht mehr verbergen konnte, dass ihr Eigenkapital restlos verloren war. Wohl oder übel musste daher die Geschäftsleitung, wollte sie nicht hinter Schloss und Riegel kommen, Insolvenz anmelden. Ein gütiger Retter stand nicht bereit. Und es kam, wie es kommen musste. Hinterher gab es Versuche, der amerikanischen Regierung die Schuld dafür zuzuschieben, dass sie die Bank nicht rechtzeitig vor der Pleite gerettet und damit die sich anschließende weltweite Krise ausgelöst habe. Vor dem Hintergrund der daraufhin unvermeidlich gewordenen Billionen schweren Hilfsaktionen der Staatengemeinschaft zugunsten nahezu aller wichtiger Banken, die in die Geschichte unserer Zeit eingegangen ist, mag eine solche Behauptung zwar auf den ersten Blick gerade noch verständlich erscheinen. Überzeugen kann sie trotzdem nicht. Denn mit an Sicherheit grenzender Wahrscheinlichkeit hätte die katastrophale Geschäftspolitik der Finanzindustrie weiter im Verborgenen geblüht, um zum Schluss in einer umso schlimmeren Katastrophe zu enden. Jetzt hingegen wurde wenigstens ebenso schnell wie unübersehbar deutlich, was unsere Finanzmagier angerichtet hatten: die Welt an den Rand des Abgrunds zu bringen.

Apropos Kettenreaktion. Auf den ersten Blick muss es tatsächlich erstaunen, wieso der finanzielle Zusammenbruch eines einzelnen Unternehmens der Finanzbranche durch seine Wettbewerber eigentlich nicht lauthals begrüßt wurde. Nach den hehren Lehrbuchregeln der Marktwirtschaft sollte deren eigene Position ja dadurch nur gestärkt – und nicht etwa gefährdet – werden. Dass es diesmal ganz anders kam, war auch nicht etwa dadurch bedingt, dass die Banken sich, wie seit jeher üblich, untereinander für ihren kurzfristigen Bedarf Geld ausgeliehen hatten. Nein, hier hatte sich etwas abgespielt, was in jeder Hinsicht neu war – so neu, dass ich bis heute nicht den Verdacht loswerde, manche der verantwortlichen Bankmanager höchstselbst könnten womöglich weder die Bedeutung noch das Gewicht der Neuheit richtig begriffen haben.

Gezündet werden konnte eine Kettenreaktion nämlich erst dadurch, dass sich den beteiligten Finanzinstituten dank einer mehr als leichtfertigen Nachsicht der jeweiligen nationalen Gesetzgeber und ihrer Aufsichtsbehörden Gewinnchancen eröffnet hatten, die ihnen zuvor hermetisch verschlossen gewesen waren. Es handelte sich um die Zulässigkeit, handelbare Wertpapiere aller Art als eigenen Besitz zu halten und damit auf eigene Rechnung Handel zu betreiben. Die früheren strengen Obergrenzen für derartige Geschäfte waren inzwischen als Ergebnis amerikanischen und britischen Drängens auf eine Liberalisierung der Märkte allgemein aufgeweicht worden. Hinzu kam, dass der Eigenbesitz solcher ja doch immerhin risikobehafteter Papiere, im Unterschied zur Kreditvergabe an Kunden, kaum in nennenswertem Ausmaß an eine bestimmte Unterlegung mit haftendem Eigenkapital gebunden war.

Damit aber konnte erst das beginnen, was im Umgangsjargon inzwischen nicht zu Unrecht mit dem alten Gaunerbegriff der Zockerei bezeichnet zu werden pflegt. Nahezu herbeigezwungen wurde die dahintersteckende Spekulationsmentalität zudem durch die erwähnte, allenthalben ohne Scham verkündete geschäftliche Zielvorgabe einer märchenhaft hohen Rendite. Der Fairness halber soll dabei übrigens nicht verschwiegen werden, dass dies zumindest ein klein wenig den Beigeschmack des Größenwahns verliert, wenn man sich vor Augen hält, dass es sich bei der Bezugsgröße der Erträge aus den einschlägigen Handelsgeschäften um das vorhandene Eigenkapital der Bank und damit eben um eine von vornherein verhältnismäßig geringfügige finanzielle Größe handelt. Trotzdem: Mit den Zockern waren jetzt die Gäule durchgegangen – und die Pleite von Lehman Brothers deckte von einem Tag auf den anderen schonungslos auf, dass man sich allenthalben an den so kreativ und stolz in die Welt gesetzten eigenen »neuen Produkten« schwer verschluckt hatte.

Doch natürlich trat nun etwas ganz und gar nicht Verwunderliches ein. Alle beteiligten Herrschaften versuchten, ihre Hände in Unschuld zu waschen. Kaum jemand versäumte zu beteuern, dass sich das eigene Institut selbstverständlich auf keinerlei vergleichbare Abenteuer eingelassen habe und deswegen frei sei von verborgenen Belastungen. Tropfenweise stellte sich hingegen heraus, dass in Wirklichkeit ausnahmslos alle mitgespielt hatten im Poker um den größten Profit, angetrieben von Einpeitschern, die von Phantasierenditen faselten und dabei vornehmlich an die eigene Bonuszahlung dachten. In Deutschland bildete die Hypo Real Estate Bank (HRE) die erste und spektakulärste Speerspitze.

Angesichts des Ausmaßes der jetzt geplatzten Blase, zu der die weltweiten Spekulationsgeschäfte der Bank angeschwollen waren, beherrschte diese Pleite die Schlagzeilen. Um die tatsächlich unabsehbaren Folgen einer nahezu atomaren Kettenreaktion zu verhindern, blieb nichts anderes, als die Bank zu verstaatlichen. Heute wissen wir zwar, dass diese Notrettung letzten Endes erfolgreich war. Das ändert freilich nichts daran, dass auch Banken, deren Seriosität bislang als unantastbar gegolten hatte, gleichfalls massiv an der Misere beteiligt waren. Selbst die wesentlich von den Sparkassen getragenen öffentlich-rechtlichen Landesbanken machten da keine Ausnahme, und schon ganz gewiss nicht die großen Geschäftsbanken. Bald stellte sich heraus, dass fast keine von ihnen überleben konnte, ohne dass der Staat mit einer ebenso entschlossenen wie mutigen Hilfsaktion in letzter Minute eingesprungen wäre – hierzulande mit einer einzigen wichtigen Ausnahme: Die Deutsche Bank konnte sich gerade noch aus eigener Kraft ans Ufer retten (wiewohl auch sie sich mit einer riesigen Anzahl von eigenen Zertifikate-Emissionen nahe an eine Katastrophe heranmanövriert hatte).

Inzwischen scheint das alles bei vielen schon wieder in Vergessenheit geraten. Rund um den Erdball haben sich die Staaten bis über die Halskrause verschulden müssen. Generationen von Steuerzahlern werden mit der Abzahlung belastet bleiben. Die Verantwortlichen in der Finanzwelt hingegen sind längst zu ihren Geschäften zurückgekehrt. Nach außen beteuern sie dabei gern und häufig ihre Bereitschaft, durch geeignete Maßnahmen daran mitzuwirken, dass sich derartige Betriebsunfälle zukünftig nie mehr wiederholen können. Besonders beliebter Anlass für solche vor Heuchelei strotzenden Beteuerungen ist bis heute das jährlich in Davos statt-findende »Weltwirtschaftsforum«: Ursprünglich einmal gedacht als Treffpunkt für vertraulichen Gedanken- und Erfahrungsaustausch zwischen verantwortungs-bewussten Repräsentanten aus Politik und Wirtschaft, ist es längst zum Tummelplatz radschlagender Pfauen aus beiden Bereichen degeneriert, deren Lippenbekennt-nisse durch gläubige Medienvertreter in die staunende Öffentlichkeit hinausgetragen werden.

Solange ihre Aussagen eher im Allgemeinen bleiben, geben sich die betreffenden Bankgewaltigen natürlich voller Einsicht. Mehr als das: Stets dem gemeinen Wohl zutiefst verpflichtet, sind sie jederzeit bereit, eine wirk-samere staatliche Aufsicht zu akzeptieren. Sobald sol-che Vorhaben in weltweit gültige und durchsetzungsfähige gesetzliche Regeln umgesetzt zu werden drohen, nehmen allerdings – versteckt oder offen ins Feld geführt – die Einwände drastisch zu. Im Ergebnis bleibt nur noch den entschlossensten, mutigsten und zähesten politischen Vertretern des öffentlichen Interesses eine wenigstens kleine Chance auf einen ernsthaften Erfolg. Ich fürchte freilich, dass selbst sie am Ende auf verlorenem Posten stehen werden. Denn längst erfrechen sich schon wieder manche der dreistforschen Chefs an der New Yorker Wall Street, die verantwortlichen Politiker öffentlich als Feinde der wirtschaftlichen Freiheit zu beschimpfen – »Weiter so« lautet ihr Gebot der Stunde.

Nicht zuletzt hängt dies offensichtlich damit zusammen, dass es sich in der Tat niemand auf der Welt noch leisten könnte, eine der wirklichen Großbanken bis aufs Letzte herauszufordern. Zumindest so lange wird das auch so bleiben, wie es nicht gelingt, sie weltweit zu zwingen, das Kreditgeschäft wieder – wie es früher einmal in den USA der Fall war – strengstens vom Investmentbanking zu trennen. So groß sind sie nämlich inzwischen, dass ihr Untergang tatsächlich eine wirtschaftliche und finanzielle Weltkatastrophe auslösen müsste. Beliebig viele Beispiele belegen das. Als Muster mag die Auseinandersetzung zwischen der amerikanischen Regierung und der schweizerischen UBS dienen, die in den beiden hinter uns liegenden Jahren weltweite Schlagzeilen gemacht hat: Als der zuständige Richter die unangenehme Frage aufwarf, ob der Staat notfalls bereit sei, Zwangsmaßnahmen durchzusetzen, die sich (angeblich oder wirklich) als existenzgefährdend für die Bank erweisen könnten, musste Washington aus Angst vor den unübersehbaren Folgen klein beigeben.

Nicht weniger deutlich wird die bittere Wahrheit,

wenn man sich den seit Jahrzehnten eingeübten Wechsel maßgeblicher Führungspersönlichkeiten des Bankhauses Goldman Sachs in die jeweilige Washingtoner Regierung vor Augen hält. Allenfalls wenige Außenseiter haben sich jedenfalls ernsthaft Gedanken darüber gemacht, wie es jemandem, der in das Amt des Finanzministers oder des ökonomischen Chefberaters des Präsidenten berufen wird, ohne weiteres möglich sein soll, von heute auf morgen die Interessen eines Finanzinstituts zu vergessen, dem er zuvor über Jahre hinweg gedient hat. Manche sollen dies, wie es heißt, einfach damit zu erklären versucht haben, dass es sich bei der Bank um eine Institution handele, deren Leitung bei allem, was sie unternimmt, stets auch das Gemeinwohl im Auge hat. Früher galt bekanntlich der selbstbewusste Ausspruch des damaligen Chefs von General Motors: »What's good for General Motors is good for the United States.« Dessen Abwandlung auf Goldman Sachs dürfte tatsächlich über viele Jahre hinweg einer in den USA weitverbreiteten Vorstellung entsprochen haben, mit der sich die Bank schmücken durfte, ohne jemals kritisch hinterfragt zu werden. Geändert hat sich diese uramerikanische Blauäugigkeit erst, als die Börsenaufsichts-Behörde im April 2010 den Mut aufbrachte, eine unglaublich dreiste Milliardenzockerei unter die Lupe zu nehmen, bei der das Institut die von ihm ausgegebenen Papiere zum eigenen Vorteil manipuliert haben könnte. Doch wie dem auch sei: Die Taktik des Aussitzens, des Schiebens auf die lange Bank, wenn unangenehme Entwicklungen drohen, hat sich als Rezeptur zur Abwehr von Angriffen auf die eigene Allmacht bestens bewährt. Meisterschaft in der Heuchelei gehört eben unverändert zum Rüstzeug eines erfolgreichen Finanzmanagements.

Ich will die Leserinnen und Leser nicht unnötig mit weiteren Einzelheiten langweilen. In Wirklichkeit sind es nur wenige ebenso klare wie einfache Regeln, die weltweit durchgesetzt werden müssten, um die Gefahr einer Wiederholung der weltweiten Finanzkatastrophe der vergangenen drei Jahre nach menschlichem Ermessen wenigstens einigermaßen einzudämmen. Nahezu alle davon sind unter denjenigen, die sich ihrer Verantwortung bewusst sind, kaum ernsthaft umstritten. Manche von ihnen haben inzwischen sogar die Chance, zumindest in der einen oder anderen Form in die Tat umgesetzt zu werden. Das ändert freilich nichts daran, dass die davon Betroffenen mit allen Mitteln der Heuchelei und Täuschung – bis hin zur Drohung und Erpressung – versuchen, sich gegen eine entsprechende internationale Gesetzgebung zu wehren:

Erstens muss die Ausübung von Finanzgeschäften aller Art, also auch der Handel mit Wertpapieren, grundsätzlich und ohne Ausnahme an strenge staatliche Zulassungsvorschriften gebunden werden.

Zweitens dürfen nur solche Wertpapiere zum Handel zugelassen werden, die durch eine internationale Behörde geprüft und zugelassen sind. »Leerverkäufe« aller Art à la Soros (insbesondere der Handel mit geliehenen Wertpapieren oder Zahlungsmitteln) müssen wie der Abschluss von Kreditausfallversicherungen für solche Transaktionen (CDS) grundsätzlich untersagt werden.

Drittens muss die Ausstattung ausnahmslos aller für eine Teilnahme an der Finanzmärkten zugelassenen Banken und sonstigen Institute mit ausreichendem Eigenkapital gewährleistet sein.

Viertens müssen die Rating-Agenturen durch eine staatliche Aufsichtsbehörde zugelassen und laufend daraufhin überprüft werden, ob sie die für sie geltenden Regeln – wozu nicht zuletzt der strenge Verzicht auf eine Beteiligung jedweder Finanzinstitute an ihrem Kapital zu zählen hat – einhalten.

Fünftens muss die Entlohnung von Mitarbeiterinnen und Mitarbeitern der Finanzinstitute mit Erfolgszahlungen (Boni) an transparente Obergrenzen gebunden werden, deren Verletzung zum sofortigen Entzug der Zulassungslizenz führt.

Sechstens müssen sämtliche Steueroasen ausgetrocknet werden, in denen Anleger bisher Finanzmittel anlegen konnten, die sie in ihrem jeweiligen Heimatland einer ordnungsgemäßen Besteuerung entzogen hatten.

Und schließlich, siebtens, muss, sozusagen als Dach für die jeweiligen nationalen Zulassungs- und Überwachungsbehörden, eine international tätige und entsprechend legitimierte Institution eingerichtet werden, die ihrerseits die Aufgabe hat, die Einhaltung der weltweit geltenden Regeln durch die nationalen Aufsichtsbehörden zu überwachen.

Dringlich zu wünschen wäre im Übrigen eine Art Wiederbelebung des früheren amerikanischen Glass-Seagall Act, und zwar dieses Mal auf international verbindlicher Grundlage. Freilich hat selbst Präsident Obama bisher größte Schwierigkeiten gehabt, Abgeordnetenhaus und Senat in Washington davon zu überzeugen, wenigstens erste Schritte in diese Richtung zu tun. Innerhalb der Europäischen Union dürften die Chancen für eine erfolgreiche Realisierung noch weit schlechter stehen. Ähnliches gilt ganz offensichtlich auch für die an sich durchaus wünschenswerte Einführung einer geringfügigen Besteuerung aller Finanztransaktionen, also einer sogenannten Tobin-Steuer.

Die Notwendigkeit der übrigen Maßnahmen dagegen wird seit langem von niemandem mehr ernsthaft bestritten. Keine einzige ist darunter, die als radikal gelten könnte. Allesamt zeichnen sie sich durch faires Augenmaß und Ausgewogenheit aus. Deswegen ist auch kaum ein Treffen der Staats- und Regierungschefs, das sich mit den internationalen Finanzmärkten beschäftigt hat, zu Ende gegangen, ohne dass man sich gegenseitig der festen Absicht versichert hätte, nun ohne weiteren Verzug diese – oder vergleichbare – Grundregeln in international verbindliches Recht umzusetzen. Mit Ausnahme einiger mutiger Initiativen des amerikanischen Präsidenten und wohltönender Absichtserklärungen mancher europäischer Regierungschefs, denen Wahlen bevorstanden, ist allerdings bisher kaum etwas geschehen, was ernsthaft als wirksamer Schritt in die richtige Richtung zu verstehen wäre.

Dabei weiß ich natürlich, dass es nichts als blauäugig wäre, zu verkennen, dass sich dahinter eine Unmenge von nationalen Interessen verbergen, die keine demokratisch verantwortliche Regierung dieser Welt einfach übersehen oder gar vom Tisch wischen kann. Großbritannien mit der überragenden Bedeutung der Londoner Börse für das wirtschaftliche Wohlergehen des ganzen Landes mag da als beliebiges, wenn auch besonders eklatantes Beispiel dienen. Doch es sind eben keineswegs nur die vielfältigen nationalen Interessen, die entschlossenes politisches Handeln erschweren: Genauso – und oftmals noch viel drängender – sind es der unverhohlene Druck der mächtigen Bankenvertreter und deren Kunst scheinheiliger Heuchelei.

Anders als bei öffentlichen Veranstaltungen haben sie im stillen Kämmerlein, Auge in Auge mit den Vertretern der Politik, regelmäßig zahllose Beispiele zur Hand, warum die eine oder andere zur Diskussion stehende Vorschrift allein zu Lasten ihres Hauses gehen und einseitig der Konkurrenz in einem anderen Land zugutekommen würde. Gewiss: Es gibt Ausnahmen. Zumindest manche der Finanzmanager haben sich anscheinend auf den Weg gemacht, sich daran zu erinnern, was die Gesetze der Vernunft eigentlich nahelegen sollten. Das ändert freilich nichts daran, dass die hemmungslose Geschäftemacherei der Investmentbanker längst wieder fröhliche Urständ feiert. Zwar stellt man gern heraus, dass der bei weitem größte Teil der auf diesem Gebiet erzielten Profite aus Provisionseinnahmen für die Platzierung von Staats- und Unternehmensanleihen auf dem Markt stamme. Wer genauer hinschaut, muss dennoch den Eindruck haben, dass die meisten von uns unheilbar jener tödlichen Seuche zum Opfer gefallen sind, von der einleitend die Rede war, als wir nach den Gründen für die weltweit um sich greifende Heuchelei gefragt haben.

Das auslösende Virus trägt in der Tat den Namen Gier – unbezähmbare Gier nach Geld. Hinzu kommt freilich noch eine allgemeine Schwäche, die unsere menschliche Konstitution nicht selten zu befallen scheint. Denn keineswegs alle, die von der eigentlichen Seuche befallen sind, denken ja doch von morgens bis abends an nichts anderes als nur daran, ihr Vermögen zu mehren. Nein, es ist noch etwas anderes, das sie so unwiderstehlich antreibt: Sie wollen »dazugehören«, wollen zu den Oberen dieser Welt zählen, zu denen, die sich vermeintlich nach eigenem Belieben alles leisten können, was es gibt. Und das bedeutet eben weit mehr als nur Autos, Yachten oder Villen – es bedeutet die

Zugehörigkeit zu Gesellschaftskreisen, von denen man in der eigenen Kindheit allenfalls träumen konnte. Erst diese Spielart von geistiger Verirrung mag es womöglich auch ein wenig besser verständlich machen, warum just in der Zeit, als im vergangenen Jahr die globale Finanzkrise ihren Höhepunkt erreicht hatte, in der Londoner City die Zahl der Selbstmorde unter den Jüngern des Investmentbanking noch einmal drastisch anstieg.

Alles in allem sind es also unverändert mehr als nur dicke Bretter, die gebohrt werden müssen. Dabei mögen Utopisten von der Notwendigkeit einer Weltregierung träumen, die unsere Probleme sozusagen im Handumdrehen zu lösen vermag. Das wird allerdings so oder so ein Traum bleiben – und ich weiß noch nicht einmal, ob es ein schöner Traum wäre. Was stattdessen bleibt, ist die Notwendigkeit, uns ständig und ohne Unterlass daran zu erinnern, dass sich die Katastrophe jederzeit in noch einmal unvorstellbar größerer Dimension wiederholen kann. Genügend deutlich haben inzwischen die Griechenland-Krise und die damit verbundene Spekulation auf einen Zusammenbruch des Euro-Systems bestätigt, dass das unweigerlich geschehen wird, wenn wir uns nicht zum Handeln entschließen. Nicht zuletzt gilt das über die jeweilig anstehenden Wahltermine und über die nationalen Grenzen hinaus. Die Seuche hat sich schon weit tiefer eingefressen als nur in die Finanzmärkte und deren Akteure. Weltweit sind große Teile der gesamten Gesellschaft unheilbar infiziert – und womöglich befinden wir uns mitten in einer Entwicklung, die man als eine umfassende Kulturkrise verstehen könnte.

Davon wird später noch einmal die Rede sein. Hier soll der Hinweis auf meinen Verdacht genügen, dass die globale Finanzkrise und ihre Folgen untrennbar zusammenhängen mit einem inzwischen vielleicht schon allzu weitverbreiteten, vielleicht gar selbstverständlich gewordenen Verlust von Wertmaßstäben, die früher einmal nahezu alle großen Kulturen der Erde gleichermaßen geprägt hatten. Im Klartext: Sind die Vorstellungen von ethisch wie moralisch anständigem Verhalten inzwischen tatsächlich ersetzt worden durch die Kunst scheinheiliger Heuchelei im Umgang miteinander? Und wird Heuchelei womöglich begleitet von Anmaßung, von Überheblichkeit, ja von Hybris gegenüber unseren Mitmenschen?

Auf dem »Weg zur Knechtschaft« – vom traurigen Los der »Eliten«

Philip Rosenthal, ob seiner durch Bescheidenheit, Bildung, Toleranz, durch Sozialgefühl, Aufgeschlossenheit wie Heiterkeit geprägten Persönlichkeit allseits anerkannter Unternehmer und Politiker der frühen Bonner Jahre, hatte sich in seiner Jugend freiwillig zur legendären Fremdenarmee gemeldet. Seine Erfahrung aus dieser Zeit ist in einem bis heute bemerkenswert gebliebenen Erinnerungsbuch nachzulesen. Drastisch genug schlägt sie sich vor allem in einem Satz nieder: »(...) der Prozentsatz von Intelligenten und Deppen, von anständigen Menschen und Armleuchtern (ist) bei Deutschen und Franzosen, Unternehmern und Gewerkschaftsführern, Professoren und Landarbeitern annähernd gleich groß.« Das trifft bis heute zu – ohne irgendwelche Abstriche.

Nicht zuletzt gilt dies, wenn von Bankern oder ganz allgemein von Unternehmensführern die Rede ist. Natürlich darf man sie nicht ausnahmslos über einen Kamm scheren. Unzählige gibt es, für die Moral und Anstand keine leeren Worthülsen sind, die bei ihrer Tätigkeit nicht nur an das eigene Konto denken, sondern an ihre Verantwortung für das ihnen anvertraute Vermögen genauso wie für die bei ihnen arbeitenden Menschen, ja für das gemeine Wohl, die sich also nicht widerstandslos dem angeblichen oder wirklichen Druck der Börsen oder irgendwelcher Geldhyänen ausliefern. Vorrangig findet man solche Persönlichkeiten unter denjenigen, die kleinere oder mittelständische Familienunternehmen leiten. In ähnlicher Weise gibt es in der Finanzwelt gewiss nicht wenige, die sich, wie weiland Hermann Josef Abs (mag sich in dessen facettenreichem Leben auch die eine oder andere noch aufklärungsbedürftige Stelle verbergen), trotz ihrer Stellung als Angestellte einer börsennotierten Aktiengesellschaft zumindest bildhaft als Bankiers verstehen – also als jemand, der für seine Tätigkeit nicht nur mit seiner Stellung, sondern mit seinem gesamten privaten Vermögen einsteht und haftet.

Doch alles das ändert leider nicht das Geringste daran, dass es unter diesen sogenannten Unternehmensführern allzu viele gegeben hat und gibt, deren Verhalten ein mehr oder minder verheerendes Bild in der breiten Öffentlichkeit prägt. Zu ihnen zählen diejenigen, die ganz offensichtlich keinerlei erkennbare Skrupel empfinden, sich ihre Spekulationstätigkeit mit jährlichen Bezügen in unvorstellbarer Millionenhöhe vergüten zu lassen und sich nichts dabei denken, im gleichen Atemzug stolz von ihren mit einem drastischen Beschäftigungsabbau verbundenen Rationalisierungserfolgen zu berichten – oder sich gegen den Empfang einer sagenhaften »Abfindung« nach Hause zu verabschieden, ohne auch nur die Spur eines eigenen Versagens zu empfinden, wenn sich anschließend ihre vermeintlichen Verdienste als Schall und Rauch herausstellen. Noch viel größer als die Zahl derjenigen, die sich so offen der Hybris ihrer Unersetzlichkeit und ihrer Gier hingeben, dürfte freilich, wie ich fürchte, die Zahl derjenigen sein, die innerlich ein Loblied auf die Vorzüge gelungener Heuchelei anstimmen, weil es ihnen so prächtig gelungen ist, sich nach außen mit treuherziger Biedermannsmiene den Anstrich bürgerlicher Verlässlichkeit zu geben.

»Der Ehrliche ist immer der Dumme« weiß die Volksweisheit. Und dass Geld die Welt regiert, war schon im alten Rom bekannt. Sie ist dennoch nicht untergegangen, nur weil sich manche Menschen seit jeher mit Erfolg an solche Ratschläge gehalten haben. Umgekehrt hat es die Welt auch ausgehalten, dass manche der großen Religionen die Raffgier als Teufelszeug dingfest gemacht haben. Andere wiederum haben eine Art Vorankündigung göttlicher Gnade für diejenigen erkennen wollen, denen es gelungen ist, während ihrer Lebzeiten zu Wohlstand zu gelangen. Das alles darf jedoch nicht darüber hinwegtrösten, dass die kundigen Herrschaften inzwischen dabei sind, durch ihre Skrupellosigkeit jenes Wirtschaftssystem in Verruf zu bringen, das bis heute – als einziger unter den über Jahrhunderte hinweg erprobten Wegen – bewiesen hat, dass es tatsächlich gelingen kann, unter Verzicht auf kriegerische Auseinandersetzungen den Menschen wenigstens faire Chancen zu eröffnen: die marktwirtschaftliche Ordnung, die auf gesichertem Eigentum, auf freiem, jedermann zugänglichem Handel, auf unabhängiger Rechtsstaatlichkeit und auf sozialer Rücksichtnahme beruht.

Anstatt Krokodilstränen darüber zu vergießen, dass hier oder dort als Folge einer grundsätzlichen Diskreditierung der Marktwirtschaft frühere, längst totgeglaubte Sehnsüchte nach einem übermächtigen, alles beaufsichtigenden und regulierenden Staat wiedererwachen, sollten sich deswegen die Beteiligten dringend an die eigene Nase fassen. Womöglich könnte ihnen dann die Frage einfallen, inwieweit gerade sie selbst es sind, die eine solche Entwicklung fördern, ja, daran schuld sind, sollte diese eines Tages sogar schwerwiegendste soziale und anschließend auch politische Folgen haben. »Nur wer im Wohlstand lebt, lebt angenehm«, heißt es bei Bert Brecht. Genau deswegen aber wäre es nicht das erste Mal in der Geschichte der Menschheit, dass eine Mehrheit, die sich – als im »Dunkeln« stehend – in rücksichtslosester Weise sozial ausgebeutet fühlt, gewaltsam gegen eine Minderheit aufbegehrt, die meint, das Privileg für sich gepachtet zu haben, »im Lichte« stehen zu dürfen.

Es ist jetzt bald zwanzig Jahre her, dass mir bei Daimler-Benz eine Studie auf den Schreibtisch flatterte, in der ein Schweizer Beratungsunternehmen darstellte, wie sich seit einigen Jahren Höhe und Zusammensetzung der Managervergütungen in den USA entwickelt hatten. Ich konnte darüber nur staunend den Kopf schütteln, schienen mir doch die fraglichen Feststellungen entweder aus den Fingern gesogen – oder so weit jenseits aller vernünftigen Größenordnungen, dass ich sie mir nur mit einem krankhaften Verlust jeglichen Gefühls für Anstand und Moral erklären konnte. Andererseits stand bei uns insofern ein Stabwechsel bevor, als mein von mir selbst vorgeschlagener Nachfolger bereits mehr oder minder »designiert« war. Ich drückte also Jürgen Schrempp die Studie mit der ironischen Empfehlung in die Hand, er möge viel Spaß an der Lektüre finden. Sogleich war freilich erkennbar, dass dieser das Ganze eher weniger spaßig fand, sondern für ganz und gar beachtlich hielt. Dass es dann bald auch hierzulande genau so kommen sollte, hätte ich mir in der Tat nicht in meinen kühnsten Träumen vorstellen können.

Dieser Irrtum sollte allerdings nicht der einzige bleiben, der mir damals unterlaufen ist. Das hing wohl nicht zuletzt damit zusammen, dass der Aufsichtsratsvorsitzende des Unternehmens, für das ich so lange gearbeitet habe, Hilmar Kopper hieß. Er ist derjenige, der sich später öffentlich gerühmt hat, im Rahmen seiner einflussreichen Tätigkeit in den Aufsichtsräten einer Vielzahl wichtiger deutscher Wirtschaftsunternehmen Entscheidendes zugunsten der verantwortlichen Manager bewirkt zu haben. Dank seines Mutes und seiner Einsicht konnten sie – wie er meint – wenigstens einigermaßen zu ihren Kollegen in den USA aufschließen und fortan auf Vergütungen rechnen, die (mit der gebotenen vornehmen Zurückhaltung) als »leistungsgerecht« bezeichnet zu werden pflegten. Ausgehend von verhältnismäßig bescheidenen, der vorherigen Praxis noch mehr oder minder entsprechenden monatlichen Gehältern waren es ausgeklügelte Systeme, die dafür sorgten, dass man schnell und weitgehend risikofrei an den nach neuen internationalen Grundsätzen ermittelten Unternehmenserträgen, vor allem aber an einem Anstieg der Börsenkurse teilhaben konnte.

»Diesen Mentalitätswechsel habe ich überall eingeläutet. (…) Und in der Industrie wurde Daimler zum Vorbild. (…) Wir brauchten den Shareholder-Value-Gedanken, weil in Deutschland das Management den Ansprüchen der Aktionäre gegenüber zuvor völlig gleichgültig gewesen war«, so ließ sich der famose Systemverbesserer später wörtlich zitieren. Dafür verdient er auch zweifellos größten Beifall. Inzwischen konnten wir denn auch alle mit Bewunderung verfolgen, wie nachgerade vorbildlich sich jener Shareholder-Value-Gedanke bewährt hat. Endlich wurde nun jegliche Berücksichtigung längerfristiger Unternehmensstrategien von Grund auf unterbunden, wurden die Verantwortlichen auf kurzfristige Gewinnerzielung festgelegt. Die nicht selten tödlichen Folgen für das betroffene Unternehmen durften da natürlich nicht überbewertet werden, denn die gängigen amerikanischen Lehrbücher der Betriebswirtschaftslehre bestätigten ohne jegliche Spur von Zweifeln, dass allein diese Sichtweise legitim und vertretbar war und ist. Und diejenigen, die das begriffen hatten und nun endlich in die Tat umsetzen konnten, durften sicher sein, in den Medien als Helden einer neuen Zeit vergöttert zu werden.

Shareholder-Value: Lange hat es danach nicht mehr gedauert, bis die deutschsprachigen Hochschulen – ob in der Bundesrepublik, der Schweiz oder in Österreich – nahezu ausnahmslos dem gleichen Dogma huldigten. Jede davon abweichende Lehre, mochte sie sich zuvor noch so sehr bewährt haben, musste ganz schnell über Bord geworfen werden. War man früher hierzulande davon ausgegangen, die Leitung eines erfolgreichen Wirtschaftsunternehmens müsse sich nicht nur seinen Aktionären, sondern auch den darin beschäftigten Menschen wie sogar der Allgemeinheit gegenüber verantwortlich fühlen, galt es fortan als unumstößliche Wahrheit, dass die Leitungsgremien allein und ausschließlich im Interesse der Aktionäre als der angeblich alleinigen Eigentümer zu handeln hätten. Der amerikanische Guru dieser neuen Lehre hieß Alfred Rappaport. Wer diesem ehrenwerten Hochschullehrer der Ökonomie zu widersprechen wagte, galt nur noch als lächerlich und antiquiert – und hätte zudem auch noch das Wohlwollen mächtigster Unternehmensgewaltiger in aller Welt riskiert. Das wiederum hätte nun wahrhaftig den traditionellen Mut deutscher Akademiker vor Königsthronen arg überstrapaziert. Als angenehme Nebenerscheinung der ungehemmten Heuchelei, mit der die neuen Wahrheiten propagiert wurden, kam im Übrigen hinzu, dass sich auch die Bezüge der Aufsichtsräte – und nicht zuletzt die ihrer Vorsitzenden, zu denen etwa auch Kopper durchaus recht vielfältig zählte – in der Folge erfreulich vermehren sollten. Doch wie dem auch sei: Der Startschuss für die Ära zügelloser Gier war gefallen – ein bleibender Verdienst um die deutsche Unternehmenswirtschaft, der zweifellos höchste Anerkennung verdient.

Zugleich war damit auch bei uns eine Entwicklung vorgezeichnet, die der bis dahin nur stiefmütterlich gepflegten Kunst der Heuchelei zu höchstem Ansehen und Erfolg verhelfen sollte. Zuvor hatte es ja in den einschlägigen Kreisen noch eher zum guten Ton gehört, jedenfalls öffentlich nicht mit dem eigenen Einkommen oder Vermögen zu protzen. Schließlich lebten wir nicht in den USA, wo niemand sich Böses dabei dachte, wenn Unternehmer oder Manager fürstlich entlohnt wurden, sondern eben leider Gottes in jener ach so fürchterlich repressiven, fast schon »sozialistisch« verseuchten deutschen Neidgesellschaft. Daher wählten auch fast alle börsennotierten Gesellschaften hierzulande den Ausweg, in ihren Geschäftsberichten die Bezüge ihrer obersten Führungsgremien jeweils nur als pauschale Summe, also nicht aufgegliedert nach den einzelnen Mitgliedern, auszuweisen. Das galt für die Banken genauso selbstverständlich wie für alle anderen Unternehmen. Als sich bald darauf die neuerliche explosionsartige Entwicklung der Bezüge allgemein herumzusprechen begann, wurde allerdings eine breitere Öffentlichkeit hellhörig. Ja, nachdem eine detaillierte

Auflistung in den USA schon seit längerem selbstverständlich geworden war, fiel es nun auch hierzulande von Jahr zu Jahr schwerer, dem Drängen auf verbesserte Offenlegung zu widerstehen.

Als Ausweg wurde nach einem bewährten Mittel gegriffen. Gegen Ende des Jahres 2001 rief man seitens der Wirtschaft die (nach ihrem Leiter benannte) Cromme-Kommission ins Leben. Nach lebhaften Auseinandersetzungen unter ihren Mitgliedern empfahl diese schließlich, das Einkommen der Vorstandsmitglieder (oder des vergleichbaren Managements) jeweils einzeln auszuweisen. Dem schloss sich der Gesetzgeber an. Doch wer meint, dass seitdem für jeden, der sich mit dem Studium der Geschäftsberichte befasst, Klarheit geschaffen sei, der irrt. Gewiss: Die jeweiligen festen Jahresbezüge sind eine ebenso leicht nachvollziehbare Größe wie eine etwaige prozentuale Beteiligung am Gewinn. Beide machen jedoch in der Regel nur einen Teil der gesamten Vergütung aus. Ein beträchtlicher weiterer Teil wird über ganz verschiedene äußerst komplizierte Umwege erzielt, indem den Empfängern ein Zugriff auf Aktien des Unternehmens eingeräumt wird. Die Tricks, mit denen vermieden werden kann, den tatsächlichen Wert dieser Ansprüche zu beziffern, sind nahezu unbegrenzt. Und so dürfen denn auch die Beteiligten mit Fug und Recht ein kräftiges Loblied auf die Macht der Heuchelei anstimmen.

Wer sich zu schade wähnt, in einen solchen Chor einzustimmen, dem geht freilich sogleich noch ein weiteres Argument zur Hand. Selbst wenn es zutreffen sollte, dass die fraglichen Einkommen inzwischen eine moralisch kaum noch vertretbare Höhe erreicht haben, so heißt es dann, gebe es doch nicht den geringsten Grund,

warum sich die Verantwortlichen irgendwelche Vor-
würfe gefallen lassen müssten. Vielmehr stünden sie im
Interesse der betreffenden Unternehmen nun einmal in
der Pflicht, für deren Leitung die Besetzung mit international höchstqualifiziertem Personal zu sichern. Damit
aber würden sie dem Zwang der Märkte unterliegen
und bei einer nicht wettbewerbsgerechten Bezahlung
sogleich Gefahr laufen, dass sich die fraglichen Herrschaften dann eben anderweitig orientieren könnten –
sprich: in fremde Gefilde abwandern.

Eine wahrhaft famose Begründung. Wäre sie auch nur
einigermaßen glaubhaft, so müsste man wahrscheinlich
seine Miene in tiefe Sorgenfalten legen. Mich hingegen
erinnert sie lebhaft an ein weiteres Vorkommnis aus
dem eigenen Berufsleben. Bereits seit längerem hatte ich
Jürgen Schrempp für meine Nachfolge vorgeschlagen.
Kopper als Aufsichtsratsvorsitzender war damit ein-
verstanden. Es fehlte jedoch ein förmlicher Beschluss
des Aufsichtsgremiums. Eines Tages verlor daraufhin
in meinem Büro der Kandidat die Nerven. Es quoll
nachgerade aus ihm heraus, er werde zu einem amerikanischen Unternehmen wechseln, wenn er nicht in
kürzester Zeit endlich eine verbindliche Zusage erhalte.
Nun wusste ich natürlich, dass mein Gesprächspartner
nicht gerade unter mangelndem Selbstbewusstsein litt.
Trotzdem konnte ich innerlich kaum vor Lachen an
mich halten. Denn ernstlich wäre jedenfalls damals niemand auch nur im Traum auf die Idee gekommen, dass
amerikanische Aktionäre händeringend nach einem
deutschstämmigen Manager Ausschau halten, um diesem die oberste Führung ihres Unternehmens anzuver-
trauen. Diese grundsätzliche Einstellung mag sich heutzutage aufgeweicht haben – zur selbstverständlichen

Regel ist es deswegen noch lange nicht geworden, dass Herkommen, Ausbildung und soziale Einbindung keine Rolle spielen, wenn es um die Besetzung von Spitzenpositionen der Wirtschaft geht. Immer noch lässt sich jedenfalls die Zahl entsprechender personeller Besetzungen an wenigen Fingern abzählen, und das gilt in jede beliebige Richtung, ob für Amerikaner, Deutsche, Franzosen, Schweizer oder andere Nationalitäten.

Ausgelöst wurde der Irrglaube womöglich durch eine Entwicklung, die sich auf einem ganz anderen Gebiet tatsächlich abgespielt hat und inzwischen zur Normalität geworden ist. Auf den ersten Blick könnte man beide Bereiche auch fast miteinander verwechseln. Unter den internationalen Investmentbankern ist es nämlich schon seit längerer Zeit ganz und gar selbstverständlich geworden, von heute auf morgen den Arbeitgeber zu wechseln. Regelmäßig betrifft das allerdings weniger Einzelpersonen als ganze Gruppen, sogenannte Teams. Die Nationalität der einzelnen Mitglieder spielt dabei in der Tat keine Rolle. Der gemeinsame Entschluss wird einfach dadurch ausgelöst, dass das neue Finanzinstitut mit noch einmal wesentlich höheren Provisionsbezügen winkt. Das aber hängt zumeist damit zusammen, dass man auf dem Gebiet des Investmentbanking mit seinen Umsätzen und Gewinnen hinter die Wettbewerber zurückgefallen ist und von den eigenen Aktionären – um welchen Preis auch immer – zu einer überzeugenden Aufholjagd angetrieben wird: Einen besseren, einen handgreiflicheren Beweis für den Wahnsinn des schnellen Geldes, der letzten Endes entscheidend zur globalen Finanzkrise geführt hat, könnte es kaum geben. Die Frage allerdings, ob sich die Seuche des moralischen Verfalls, die sich dahinter verbirgt, inzwischen wirklich auch auf das völlig andersgeartete Gebiet des allgemeinen Managements von Wirtschaftsunternehmen ausgeweitet haben könnte, will ich hier offenlassen – noch bleibe ich wenigstens in dieser Hinsicht zuversichtlich.

Das schließt nicht aus, dass eben auch insofern die Kunst der Heuchelei längst weiter an Boden gewonnen hat. Um dies zu verstehen, muss man sich nur für ein paar Augenblicke darauf besinnen, wie rasant sich an den internationalen Hochschulen das Dogma der ungezügelten Marktwirtschaft durchgesetzt hat. Zumindest bis zum Ausbruch der großen Krise lag ihm die gesamte westliche akademische Welt bewundernd zu Füßen. Die Eleven des in Chicago lehrenden Milton Friedman, die bald als Chicago Boys legendären Ruf genießen sollten, hatten die neue Heilslehre sogleich nach dem Zusammenbruch des sowjetischen kommunistischen Systems mit der ihnen eigenen Hemdsärmeligkeit flächendeckend verbreitet: »The social responsibility of business is to increase its profits.« Auf den Punkt gebracht umschrieb dieses lapidare Diktum des Meisters den ganzen Glaubensinhalt, und niemand wagte mehr ernstlich der Behauptung zu widersprechen, dass damit nach jahrhundertelanger Suche nun endlich der Stein der Weisen gefunden sei, der stetes Wachstum und sicheren Wohlstand für alle garantierte. Der andere Guru der Zügellosigkeit, Friedrich August von Hayek, hatte zuvor schon den Boden dafür bereitet, predigte er doch, dass jegliche Abweichung vom Prinzip unternehmerischer Selbstsucht – und sei es auch nur die Berücksichtigung irgendwelcher sozialer und gar politisch bedingter Einschränkungen für unternehmerisches Handeln – unverzüglich auf die »Road to Serfdom«, auf den »Weg zur Knechtschaft«, führen werde.

Nicht zuletzt galt dies für jene unglaublichen Irrlehren, mit denen bis dahin ein gewisser Lord Keynes die Hirne benebelt hatte. Dieser hatte nämlich im Ernst behauptet, dass die Staaten als solche nicht nur die Möglichkeit, sondern sogar die Pflicht hätten, mit eigenen Ausgaben und sonstigen öffentlichen Mitteln in das wirtschaftliche Geschehen einzugreifen, sobald sich die Gefahr allgemeiner Rückschläge oder gar ernsthafter Krisen abzeichnete. Jetzt hingegen war endgültig klar, dass jegliche staatliche Einmischung zwangsläufig zum Abwürgen einer gesunden weiteren Entwicklung der gesamten Volkswirtschaft führen musste. Um den eigensüchtigen, ja tendenziell sogar bösen Bürokraten und den hinter ihnen stehenden populistischen Politikern endgültig das Schwert aus der Hand zu schlagen, gab es folglich nur ein Patentrezept, das unweigerlich zum Ziel führen würde: radikaler Abbau aller Eingriffe des Staates in das wirtschaftliche Geschehen. Der Name des Allheilmittels: freie Marktwirtschaft.

Welch eine Chance, die sich damit für ein volltönendes Zusammenspiel von hohler Phrasendrescherei mit scheinheiliger Heuchelei eröffnete – ganz besonders für gewisse politische Parteien und deren Protagonisten. Sie konnten jetzt mit einem Rezept in die Wahlkämpfe ziehen, das den Staat als gefräßigen Moloch erscheinen ließ, der einem unerträglich hohe Steuern und zudem für seine eigenen Unternehmen auch noch die Zahlung ständig steigender Gebühren abverlangte.

Doch welch ein Wunder: Um keinen Deut weniger segensreich öffnete sich im gleichen Augenblick auch am anderen Ende des politischen Spektrums eine neue Schatulle voller Argumente für die Unentwegten, die schon so lange und mit solcher Mühe gegen die Mächtigen der Welt für die Belange der kleinen Leute gekämpft hatten. Unverhofft war ihnen nämlich ein wahres Totschlagsargument in den Schoß gefallen. Es trug einen wunderschönen, herrlich missverständlichen Namen: Neo-Liberalismus.

Wenn auch mit umgekehrten Vorzeichen, konnten fortan beide Seiten mit Hilfe der gleichen Mogelpackung versuchen, Wasser auf ihre Mühlen zu leiten. Die einen beriefen sich auf die unbestreitbar katastrophalen Hinterlassenschaften, mit denen die staatlichen Planwirtschaften sowjetischer Prägung die staunende Menschheit über die Jahrzehnte hinweg beglückt hatten. Aus dieser jämmerlichen Pleite sei doch wohl, so pflegten sie lauthals zu verkünden, für jedermann eines ersichtlich: Jegliche stümperhaften Versuche, die angeblichen Ausuferungen einer totalen Freiheit allen wirtschaftlichen Handelns durch sozialpolitische Gesetze eindämmen oder gar durch unmittelbare Eingriffe regulieren zu wollen, würden zum Schluss nur genau das Gleiche bewirken wie der kommunistische Irrweg, nämlich bürokratisch gesteuerte Gleichmacherei und damit das Ende des Traumes, den Menschen gleiche Chancen auf Erden zu eröffnen. »Freiheit statt Sozialismus«: Diese schöne Wahlparole lag zwar schon ein paar Jahre zurück, doch unterschwellig lebte sie munter weiter. Gemeint waren jetzt sowohl die »roten« Sozialdemokraten als auch die »grünen« Umweltschützer (die sich zudem durch die angeblich lächerliche Wachstumsskepsis des Club of Rome hatten betören lassen). Umgekehrt fiel es diesen sogenannten Linken natürlich umso leichter, sogleich alle Anhänger marktwirtschaftlicher Systeme, mochten sich diese bei näherem Hinsehen auch noch so sehr voneinander unterscheiden, als kaltherzige Befürworter von brutaler Eigensucht zu denunzieren, denen jegliche Rücksichtnahme auf die sozial Schwachen, auf unverschuldete Armut wie auf unterprivilegierte Lebenschancen, ein Fremdwort sei.

Neo-Liberalismus: für die einen also das Schlüsselwort zum Öffnen einer Schatzkammer für die Beglückung der gesamten Menschheit mit einem bisher unbekannten Ausmaß persönlicher Freiheit – für die anderen die von den Reichen und Mächtigen geschmiedete Waffe zur Ausbeutung und Unterdrückung. Diejenigen, die, mit Ludwig Ehrhard als ihrem vergötterten Bannerträger, nach dem Ende des Zweiten Weltkrieges in Europa die Segnungen von Liberalismus und Marktwirtschaft priesen, hätten sich freilich angesichts solch einseitiger Auslegungen des Weges, der ihnen vorschwebte, im Grabe umgedreht. »Marktwirtschaft ist eine notwendige, aber keine ausreichende Begründung einer freien, glücklichen, wohlhabenden, gerechten und geordneten Gesellschaft. (...) Das schließliche Schicksal der Marktwirtschaft (...) entscheidet sich jenseits von Angebot und Nachfrage.« Dieses Zitat, der geschätzte Vizekanzler der Bundesrepublik Deutschland und phrasenerprobte jetzige Vorsitzende der FDP höre und staune, stammt nicht etwa von irgendeinem finsteren Linken – es stammt von Wilhelm Röpke. Genau dieser hochangesehene akademische Lehrer und Forscher aber war, zusammen mit Walter Eucken und Alexander Rüstow, einer der Gründerväter der Freiburger Schule und damit des modernen politischen Liberalismus in der Bundesrepublik Deutschland.

Ludwig Erhard, der zu Recht als Vater des deutschen Wirtschaftswunders gepriesene erste Wirtschaftsminister der jungen Bundesrepublik Deutschland, zählte zu den wenigen Politikern, die von Anfang an die Überzeugungen dieser Freiburger Schule ernst genommen haben. Zwar wäre ihm selbst angesichts seiner Neigung zu schwammigem Pathos eine solche Formulierung vermutlich nicht unbedingt eingefallen – doch sinngemäß hätte er ihr vielleicht zugestimmt: »So viel Markt wie möglich, so viel Staat wie nötig.« Sie stammt von Karl Schiller, dem späteren sozialdemokratischen Wirtschaftsminister, auch er zweifellos nicht weniger tief als Erhard davon überzeugt, dass es grundsätzlich kein Wirtschaftssystem gibt, das – trotz aller unbestreitbaren Schwächen – besser als eine Marktwirtschaft geeignet ist, den Menschen Zugang zu Wohlstand und sozialer Sicherheit zu eröffnen.

»Die Welt ist aus den Fugen geraten. (...) Was wir brauchen, ist eine neue Ordnungspolitik für die globalisierte Weltwirtschaft.« Voraussetzung dafür sei, so wird im Bericht des inzwischen schon ehrwürdigen Freiburger Walter Eucken Instituts für das Jahr 2008 zitiert, »die Haftung der verantwortlichen Manager. (...) (Diese) ist (...) Voraussetzung überhaupt für eine Gesellschaftsordnung, in der Freiheit und Selbstverantwortung herrschen. Nicht der Markt, die Globalisierung oder die neoliberale Ideologie haben der Wirtschaft und uns den Boden unter den Füßen weggezogen, sondern die Eliminierung eines zentralen Prinzips, das eine marktwirtschaftliche Ordnung konstituiert.« Und zusammenfassend: »Spielregeln dürfen nicht (...) mit Regulierung verwechselt werden.«

Genauer kann man es nicht sagen. Eben hier wird aber die fatale Falle deutlich, in die sich die meisten von uns haben locken lassen. Mit tatkräftiger Unterstützung durch die Bereicherungsgier der dortigen Geschäftswelt ist die Grube gewiss zuerst an amerikanischen Hochschulen ausgehoben worden. Allerdings wäre es nur fair, sogleich hinzuzufügen, dass es in den USA auch genügend warnende Stimmen gab. In der Regel gingen sie auf eine Tradition zurück, die der frühere Präsident Franklin D. Roosevelt begründet hatte, um sein Land aus der tiefen Wirtschaftskrise herauszuführen, von der es zu Anfang der dreißiger Jahre des 20. Jahrhunderts befallen worden war. Seitdem und bis heute werden übrigens diejenigen, die sich für eine soziale staatliche Eingrenzung der freien Marktwirtschaft einsetzten, in den USA gern als *liberals* und damit als des schlimmsten Sozialismus verdächtig beschimpft – eben genau im Gegensatz zum neuerlichen europäischen Verständnis mit seiner naiven Gleichsetzung von Liberalismus mit schrankenloser individueller Freiheit.

Jedenfalls dürfen wir uns durchaus an die eigene Nase fassen, wenn es darum geht, dass nach dem Zusammenbruch des sowjetischen Systems die ganze Welt nahezu blind den neuen Schalmeienklängen gefolgt ist, die aus den USA über die Weltmeere hinweg ertönten. Bei uns in Deutschland trafen sie auf ein Auditorium, das für solche Musik eher noch empfänglicher war als in anderen europäischen Ländern. In Frankreich etwa besann man sich noch für eine gewisse Zeit auf die Traditionen der eigenen Geschichte, die unter dem Einfluss einer Zahl staatsnaher Eliteschulen durch ein enges Zusammenwirken zwischen Staat und Wirtschaft geprägt war. Radikal, wie es nun einmal unsere angeborene Neigung zu sein scheint, gab es hingegen bei uns schon bald nach der Gründung der Bundesrepublik nur noch Schwarz oder Weiß.

Für die einen waren unantastbares Eigentum und

individuelle Freiheit zwei Seiten der gleichen Medaille, Einschränkungen beim Erwerb oder bei der Ausübung von Eigentum identisch mit dem Entzug von persönlichen Freiheitsrechten. »Eigentum verpflichtet. Sein Gebrauch soll zugleich dem Wohle der Allgemeinheit dienen« – die Sätze standen zwar im Grundgesetz, doch verstanden wurden sie nur als zwar wohlklingende, für das tägliche Leben jedoch belanglose Floskeln. Die anderen waren, unter der sprachmächtigen Führung eines unter den Nazis so leidgeprüften Sozialdemokraten wie Kurt Schumacher, umgekehrt fest davon überzeugt, dass nur durch strenge staatliche Reglementierung des Wirtschaftgeschehens ein Rückfall in die dunklen Zeiten des reaktionären Bürgertums verhindert werden könne.

Mit ihrem Godesberger Programm hatte sich nicht lange darauf die Sozialdemokratie, die sich auf der linken Seite des demokratischen Spektrums schnell nahezu einer Monopolstellung erfreuen konnte, auf den Weg begeben, an dem Entstehen einer durch sozialpolitische Regeln gebändigten Marktwirtschaft teilzuhaben. Trotz – oder gerade wegen – der sich bald immer mehr zuspitzenden Auseinandersetzungen der politischen Parteien über den Umgang mit dem sowjetischen Block kamen die grundsätzlichen Meinungsunterschiede über die Wirtschafts- und Sozialpolitik jedoch immer mehr zum Erliegen. Das hatte bereits damit eingesetzt, dass Konrad Adenauer schon während der frühen Phase seiner Regierungszeit eine weitreichende Mitbestimmung der Arbeitnehmer in den Betrieben durchgesetzt hatte und zudem nicht davor zurückgeschreckt war, ein von manchen seiner internen Kritikern als »sozialistisch« angeprangertes Rentensystem einzuführen. Das Ergebnis war fast schon eine Art stillschweigende wirtschafts- und sozialpolitische Koalition der beiden maßgeblichen Volksparteien, der CDU und der SPD.

Das hatte freilich zur Folge, dass über die Jahre hinweg in den sich als erfolgreich und wohlhabend empfindenden Kreisen des Landes – und zunehmend auch an den Hochschulen – ein dumpfes Gefühl des Unwillens gegenüber Teilen der politischen Kaste um sich griff. Klagen über eine ausufernde Bürokratie und über ein immer drückenderes Unwesen eines sogenannten Versorgungs- oder gar Umverteilungsstaates wurden zur täglichen Übung. Verziert wurden sie durch ein beträchtliches Ausmaß an wunderbar heuchlerischem Selbstmitleid, das sich so schön in das Lied von dem schrecklichen Tort kleiden ließ, den einem das bürokratische Abwürgen jeglicher persönlicher Flexibilität antat.

Manche empfanden es da fast wie eine Befreiung, als sich, zuerst unter der Führung von Margaret Thatcher in Großbritannien und bald darauf in den USA unter dem Präsidenten Ronald Reagan, nach Art einer Flutwelle die so lange in Vergessenheit geratene alte Heilslehre neu durchsetzte. »Weg mit jeglichen sozialistischen Unterdrückungswerkzeugen, freie Bahn für privates Unternehmertum auf allen Gebieten, die nichts mit der Sicherheit des Staates und seiner Bürger, nichts mit der strengen Durchsetzung des gesetzten Rechts, nichts mit dem Militär zu tun haben«, so lautete nun die Parole. Nicht lange darauf folgte der Zusammenbruch des sowjetischen Reichs: Konnte es noch irgendeinen vernunftbegabten Menschen auf dieser Welt geben, der nicht verstand, dass es sich um das ebenso logische wie unausweichliche Ergebnis der damit endgültig manifest gewordenen Überlegenheit von westlicher Freiheit und Demokratie handelte?

Genau dieses grandiose Missverständnis beherrschte seitdem die Ausbildung einer ganzen Generation junger Menschen an den Universitäten und Fachhochschulen. Dahinter stand (und steht bis heute) ein mehr als einseitiges Menschenbild. Es setzt voraus, dass es sich bei ausnahmslos allen von uns um Lebewesen handelt, die jederzeit und unter allen Umständen ausschließlich nach rationalen Gesetzmäßigkeiten handeln. Der *homo oeconomicus*: Er sollte stets und ständig nur seinen eigenen materiellen Interessen folgen, dabei ausschließlich vom eigenen Vorteil geleitet sein und auf fast geheimnisvolle Weise vermittels der »unsichtbare Hand« von Adam Smith im Ergebnis eben doch dem gemeinen Wohl dienen.

Inzwischen, das ist wahr, haben sich auch in dieser Hinsicht manche neuen Erkenntnisse herumgesprochen. Sie beruhen auf einer etwas ernsthafteren Analyse menschlichen Verhaltens. Dazu gehört etwa die Feststellung, dass unsere Entscheidungen, und dies keineswegs nur in seltenen Ausnahmefällen, durchaus auch von ganz anderen Motiven, beispielsweise Fairness oder Rücksichtnahme auf andere, bestimmt sein können – oder auch von fundamentalem Unwissen. Der so lange in den Orkus der Vergessenheit verbannte Lord Keynes hatte zu seiner Zeit gar von den *animal spirits* der Menschen gesprochen. An solch nüchterne Erkenntnisse hat man sich derweil in Ansätzen wieder erinnert. Damals hingegen, spätestens seit den achtziger Jahren des vergangenen Jahrhunderts, waren solche Gedanken bei den Betriebs- und bei den Volkswirten in Vergessenheit – besser: in Verruf – geraten. Die Zeit war angebrochen, in der die Ausbildung der jungen Generation von Managern und Bankern beiderlei Geschlechts endlich nicht mehr durch den abstrakten Firlefanz irgendwelcher Spinner verwässert wurde – vielmehr konnten ihnen jetzt verlässliche Patentrezepte mit auf den Weg gegeben werden, um den Menschen in aller Welt zu Wohlstand und Frieden zu verhelfen.

Die Zeitenwende zu Beginn der neunziger Jahre des zwanzigsten Jahrhunderts brachte den endgültigen Durchbruch für die Hochkonjunktur eines neuen Wirtschaftsliberalismus. An den traditionellen wirtschaftswissenschaftlichen Fakultäten der Universitäten rund um den Erdball explodierte die Zahl derjenigen, die sich die neuen Chancen nicht entgehen lassen wollten. Für eine Unzahl von Fachhochschulen eröffneten sich neue, praxisnahe Wege zur Nutzung des willkommenen Booms. Vor allem aber entdeckten private Institute, in der Regel Business Schools genannt, sagenhafte Pfründe, die ihnen bis dahin ganz oder doch weitgehend verschlossen geblieben waren: Fortan waren die jungen Interessenten, deren Eltern sich das leisten konnten, durchaus bereit, viel Geld in eine solche Ausbildung zu investieren, versprach sie doch nach ihrem erfolgreichen Abschluss für den Rest des Lebens eine erfreulich hohe Rendite.

Diese wiederum war das Ergebnis einer steil ansteigenden Nachfrage nach dem einschlägigen Personal. Getragen war sie in erster Linie durch internationale Beratungsunternehmen wie McKinsey, Roland Berger oder Boston Consult, die über die vermeintliche Fähigkeit verfügten, ihren Kunden gleichsam mit einem »Sesam öffne dich« den Weg zu Wachstum und Gewinn zu weisen. Hinzu kamen Anwaltskanzleien, die schon seit einiger Zeit begonnen hatten, ihre Tätigkeit über die traditionelle Rechtsberatung hinaus auf alle möglichen Gebiete auszuweiten, die weit in die eigentlichen unternehmerischen Entscheidungen hineinragten. Und natürlich durften die Investmentbanken nicht fehlen, die einen unstillbaren Heißhunger auf kreative neue Ideen und Wege entwickelten, um die Geldmengen, über die ihre Kunden verfügten, in attraktive Anlagenformen zu locken.

Allesamt verdienten sie mit diesen segensreichen Tätigkeiten Provisionen und sonstige Erträge, von denen man bis dahin nur hatte träumen können. Für die beteiligten jungen Menschen schlug sich der Boom in einer Explosion der Bezüge nieder, die man ihnen anbot. Ich erinnere mich noch daran, dass um die Jahrtausendwende – also zu der Zeit, als die New Economy genannte Konjunktur auf dem Gebiet der Neugründung von Firmen mit der erwähnten Dotcom-Blase ihren Höhepunkt erreicht hatte – Absolventen beiderlei Geschlechts, die einen wenigstens einigermaßen überdurchschnittlichen Abschluss vorweisen konnten, mit einem jährlichen Anfangseinkommen in der Größenordnung von 150 000 Euro gewinkt wurde (freilich verbunden mit dem Risiko, dieses schönen Arbeitsplatzes von heute auf morgen wieder verlustig gehen zu können). Konnte man es da jemandem übelnehmen, dass den Beteiligten schon während ihrer Ausbildung als Grundgesetz für das künftige Leben und Wirken die feste Überzeugung in Fleisch und Blut übergegangen sein musste, es komme einzig und allein darauf an, nach Reichtum zu streben – anstatt sich von so wolkigen Vorstellungen wie Verantwortungsbewusstsein leiten zu lassen?

Mussten nicht damit fast zwangsläufig alle anderen

Regungen durch eine gleichfalls sehr menschliche Eigenheit verdrängt werden? Niemand von uns ist wohl je vollkommen gegen sie gefeit gewesen. Beiläufig wurde sie schon einmal erwähnt: Sie heißt Hybris und beschreibt eine Art zügelloser Vermessenheit und Überheblichkeit, ja Größenwahn – der freilich regelmäßig zu einem schlimmen Ende führen muss. Weit weniger anfällig für ein solches Ende und deswegen umso gefährlicher ist allerdings die Kunst, mit der man die Beteiligten glauben macht, dass ihre unverhohlene Habgier in Wirklichkeit dem gemeinen Wohl dient. Mit Hilfe dieser besonders erfolgreichen Spielart von Heuchelei gelingt es immer wieder von neuem, der staunenden Außenwelt vorzutäuschen, dass die fragliche Kaderausbildung nicht auf die vorbehaltlose Fähigkeit zu persönlicher Raffgier zielt, sondern vielmehr eine Meisterschaft vermittelt, die in ethischer Verantwortung wurzelt und den Wohlstand der gesamten Menschheit fördert. Die Glücklichen, denen es vergönnt ist, die richtigen Abschlüsse zu erreichen, sind folglich fest davon überzeugt, die wahrhafte Elite unserer Zeit zu bilden.

Elite. Ich fürchte, dass es uns kaum weiterführen würde, uns jetzt in einer genauen Auslegung zu verlieren, was sich denn eigentlich nach allgemeinem Sprachverständnis hinter einer solchen Bezeichnung verbergen könnte. Zweifelsohne bedarf es einer sorgfältigen Schulung besonderer, nicht jedermann von vornherein mitgegebener Fähigkeiten, bevor man ihr zugehören kann. Diese können sich auf den kühlen Verstand oder auf die schöpferische Kreativität beziehen, auf den Intellekt, das Empfinden – oder eine Kombination von beidem. Eines allerdings muss, zumindest nach meiner festen Überzeugung, hinzukommen, bevor ernsthaft davon gesprochen werden darf, dass jemand einer solchen Schicht herausgehobener Menschen zugerechnet werden kann: ein starkes und durch tägliches Verhalten ständig neu bestätigtes Bewusstsein dafür, dass auf keinen Fall einseitig die eigenen Interessen vorgehen dürfen, sondern dass die Toleranz für andere Interessen, ja sogar die Rücksichtnahme auf sie bestimmend für das eigene Denken und Handeln bleiben müssen. Man kann das auch ganz einfach als Verantwortungsbewusstsein für das gemeine Wohl bezeichnen.

Natürlich findet sich diese Überzeugung im Leitbild eines jeden modernen Instituts, das sich mit der Ausbildung auf den fraglichen Gebieten beschäftigt. Freilich folgt daraus noch lange nicht, dass sie auch ernsthaft die Lehrpläne prägt. Allenfalls ausnahmsweise gibt es Hochschulen wie etwa die Universität im Schweizer St. Gallen, bei denen der gesamte Ausbildungsstoff wohlüberlegt und überzeugend in ethische Grundlagen eingebettet ist. Die meisten von ihnen pflegen hingegen die bei ihnen lernenden jungen Menschen hie und da mit wohlklingenden Gastvorträgen zu beglücken, beschränken sich aber im Übrigen darauf, ihnen beizubringen, wie man Marktanteile hinzugewinnt, Kosten abbaut, neue Produkte einführt und – natürlich vor allem – die Kapitalverzinsung verbessert, indem man die Gewinne steigert.

Genau dies aber sind die Kenntnisse und Fähigkeiten, zu denen seit mehr als einem Vierteljahrhundert eine oder gar schon zwei Generationen junger Menschen in allen Teilen der Welt erzogen werden – während die ihnen angeblich zugrunde liegenden Werte in Wirklichkeit nur auf dem Papier stehen oder allenfalls in Festreden gepriesen werden. Die Folgen sind bekannt. Allesamt haben wir sie miterlebt. Wenn alles so gut läuft, wie es sich Optimisten wie ich erhoffen, werden sie womöglich eines Tages überwunden und schließlich wieder vergessen sein. Vergessen bringt allerdings immer auch die Gefahr eines Rückfalls mit sich. Wenn die weltweite Krise der vergangenen Jahre – zumindest für diejenigen, deren Verstand nicht endgültig durch die Seuchen der Gier und der Heuchelei vernebelt ist – eines deutlich gemacht hat, dann ist es die Tatsache, dass die Menschheit, sollte sie sich später erneut von der grundsätzlichen Einbettung jeglichen wirtschaftlichen Handelns in ethische Grundwerte verabschieden, eines Tages mit Sicherheit in eine endgültige Katastrophe stürzen wird. Diese Erfahrung aber scheint mir wertvoll genug, um sie wie einen Augapfel zu hüten.

Umso ernster ist das Problem, vor dem wir stehen: Eine ganze Schicht von Menschen, die in naher Zukunft Verantwortung für die weitere wirtschaftliche Entwicklung übernehmen werden, wurde eben nicht für ein Leben ausgebildet, das durch Gewissen und Anstand geprägt ist – schlimmer noch: Sie ist damit groß geworden, dass derartige Weisheiten auf den Kehrichthaufen gehören, während ihre auf Eigennutz ausgerichteten Glaubenssätze, wenn man sich nur entschlossen danach richtet, allein seligmachend sind. Kann denn jemand im Ernst daran glauben, dass alle diejenigen an den Börsen, in den Banken, bei den Agenturen, in den Medien und in den Unternehmen, die einmal am süßen Duft des Reichtums gerochen haben, nun eines Besseren belehrt sind? Oder gar diejenigen, die sich eines so wunderschönen Titels wie »Master of Management in (folgt eines von tausend möglichen, jeweils in perfektem Englisch formulierten Spezialgebieten)« rühmen dürfen: Sie wissen ja, kaum haben sie ihr Studium abgeschlossen und treten ihre erste Anstellung in einem Unternehmen an, ganz genau (und jedenfalls viel besser als die vermeintlichen alten Hasen, die sich in aufreibenden Kämpfen bis nach oben durchgeboxt haben), was Sache ist und was nicht. Nein: Alle diese Jünger des modernen Erfolgsdenkens werden sich nicht ablenken lassen oder gar durch den inzwischen offen zutage liegenden Schaden klug werden. Schon längst und so schnell wie möglich haben sie sich wieder auf den Weg gemacht, um auf den Pfad ihres eigenen Vorteils, sprich: der Bereicherung, zurückkehren zu können.

Das kann man ihnen, denke ich, noch nicht einmal übelnehmen. Schließlich wurde ihnen ja immer wieder eingeimpft, dass sie sich einer nur sich selbst verantwortlichen Elite zurechnen können. Dass sie es nicht anders gelernt haben, wird jeden Tag von neuem deutlich. Ein Beispiel dafür scheint mir besonders bezeichnend – belegt es doch überzeugend, wie erfreulich es zum eigenen Vorteil gereichen kann, über eine gehörige Fähigkeit der Heuchelei zu verfügen. Ich meine die Bereitschaft der weiblichen wie männlichen Jünger des Investmentbanking oder des Shareholder-Value-Denkens, wenigstens einen kleinen Teil ihrer Zeit und ihres Geldes dem allgemeinen Wohl zu widmen.

Dabei gestehe ich freimütig, dass ich selbst lange Zeit gebraucht habe, um zu verstehen, warum es heutzutage zunehmend schwerfällt, noch jemanden aus den maßgeblichen Kreisen der Wirtschaft zu finden, der ernsthaft bereit ist, sich beispielsweise für das Gedeihen der bildenden Künste, für städtische Theater oder Opernhäuser, für Museen oder gar für soziale Aufgaben einzusetzen. Gewiss: Mühelos gelingt das, wo es um Förderkreise geht, deren Mitgliedschaft oder sogar Vorsitz geadelt werden durch den Umgang mit weltbekannten Künstlern wie einstmals Herbert von Karajan oder neuerdings Anna Netrebko. Zusammen mit dem erhebenden Glanz, sich regelmäßig bei Festspielen in Bayreuth und Salzburg oder bei den Vorbesichtigungen der internationalen Kunstmessen, die nur den Reichsten der Reichen vorbehalten sind, sehen lassen zu können, tragen solche Ehrenämter natürlich dazu bei, in den Gesellschaftskreisen, in denen man sich gern bewegt, Anerkennung (und Neid) zu erwecken. Geht es jedoch darum, sich im Stillen um soziale oder kulturelle Zwecke zu mühen, stellt sich in der Regel bald heraus, dass die Zahl derjenigen, die bereit sind, dafür ihre Zeit oder gar nennenswerte Mittel zu opfern, dahinschmilzt wie Schnee in der Frühlingssonne.

In anderem Zusammenhang werden wir darauf noch einmal zurückkommen. Hier belasse ich es bei der Anmerkung, dass ich über den Grund für diese Entwicklung oft genug nachgedacht und versucht habe, mich nicht auf leichtfertige Vorurteile einzulassen. Übriggeblieben ist ein beständiger Verdacht. Er läuft auf die Befürchtung hinaus, dass die Versuchungen der modernen Zeit für diejenigen, um die es hier geht, schon so überwältigend geworden sein könnten, dass kein Raum mehr für andere ernsthafte Interessen bleibt – außer eben für Geld. Das wiederum mag damit zusammenhängen, dass ihnen schon während ihrer Jugend, in der Schule und an den Universitäten, jegliches Verständnis für geistige Dinge, die sich nicht unmittelbar in der Mehrung von materiellem Vermögen niederschlagen, abgewöhnt oder gar gänzlich verbaut worden ist. Das Ergebnis ist, wie ich vermute, eine Art von innerer Verkrüppelung, untrennbar verbunden mit jener Seuche, die eben den Namen Gier trägt.

Lassen Sie es mich noch drastischer ausdrücken. Das wird mir freilich, ich weiß es von vornherein, die naserümpfende Bemerkung einbringen, es handele sich um die geistige Verirrung eines armen Ewiggestrigen. Aber könnte es nicht einfach zutreffen, dass die fragliche Verkrüppelung identisch ist mit einem nahezu vollkommenen Mangel an dem, was man früher einmal als Allgemeinbildung zu bezeichnen pflegte? Kein Zweifel: An den Schulen, die man – nicht selten vor allem dank des eigenen Elternhauses – erfolgreich besucht hat, werden auch all jene »weichen« Fächer gelehrt, die traditionell zur Ausbildung einer Elite gehören: Geschichte, Literatur, Kultur, Philosophie. Das reicht allerdings gerade einmal dafür aus, dass die Eleven später unter ihresgleichen beim zwanglosen Plaudern bestehen können. Doch bewirken solcherlei Kenntnisse auch, dass die Betreffenden in ihrem weiteren Leben noch an etwas anderem interessiert sind als dem sogenannten Wissen, das sie konkret für ihren Beruf brauchen und das sie jederzeit auch aus dem Computer abrufen können (oder müssen)? Ahnen sie wenigstens entfernt, dass es über das hinaus, was der Soziologe Markus Reiter kürzlich voller Ironie »innovatives Phrasenmanagement« genannt hat, noch eine ganze weite Welt kultureller Errungenschaften zu entdecken gibt? Lesen sie in ihrer Freizeit belletristische Literatur, sehen sie sich moderne Theateraufführungen an, geht ihre Begeisterung für Musik über den Besuch spektakulärer Konzerte oder Opernaufführungen hinaus, interessieren sie sich wirklich für die zeitgenössischen bildenden Künste? Mehr als das: Empfinden sie solche Beschäftigungen als lebensnotwendig, oder sind es allenfalls Zwänge des gesellschaftlichen Umgangs, die sie dazu bewegen?

»Weiter so«, lautet offensichtlich nicht nur an den Börsenplätzen der Welt die längst wieder gültige Parole, sondern auch ganz allgemein die Schlussfolgerung, die eine junge Generation von Angehörigen der weltweiten Eliteschichten aus der globalen Finanz- und Wirtschaftskrise gezogen hat. Wenige von ihnen sind auf dem Schlachtfeld geblieben, weil sie es übertrieben hatten oder unglücklichen Umständen zum Opfer gefallen sind. Die anderen sitzen weiter an den Schalthebeln. Und das gilt keineswegs nur für die Welt der Finanzen, sondern genauso für das Management der großen börsennotierten Industrie- und Dienstleistungsunternehmen. So schnell wie möglich wieder auf den Pfad steigender Börsenkurse – und damit der Mehrung des eigenen Einkommens – zurück: Etwas anderes scheinen sie aus dem Blick auf die Apokalypse, aus der Erfahrung der uns nahe an einen tödlichen Abgrund führenden Finanz- und Wirtschaftskrise nicht gelernt zu haben.

Allenfalls hat sich ihnen eine für sie eher bittere Erkenntnis aufgezwungen: dass es sich als schädlich erweisen könnte, in Zeiten des wirtschaftlichen Abschwungs einseitig nur auf Einsparung von Kosten mittels eines schnellen Abbaus der Beschäftigten zu setzen. Vor noch nicht allzu langer Zeit war das anders. Damals pflegten noch manche unserer wichtigsten politischen Parteien (nicht zuletzt auch die CDU) im Rahmen ihrer jeweiligen Wahlpropaganda die für die soziale Ausgewogenheit des sogenannten rheinischen Kapitalismus, sprich: der deutschen Version von sozialer Marktwirtschaft, so wesentliche Regelung eines wenigstens einigermaßen vernünftigen Kündigungsschutzes gern zu einem Erzübel sozialistischer Verirrung hochzustilisieren. Das hat sich inzwischen gewandelt: Niemand kann noch ernsthaft leugnen, dass das Modell staatlich unterstützter Kurzarbeit wesentlich dazu beigetragen hat, die weltweite Wirtschaftskrise hierzulande wenigstens so weit einzudämmen, dass die Entwicklung auf dem Arbeitsmarkt bisher keine wirklich gefährlichen politischen Auswirkungen nach sich gezogen hat.

So weit, so gut. Immerhin haben also wohl auch die unbelehrbarsten Börsenjünger inzwischen verinnerlicht, dass man für den nächsten Aufschwung dringend auf qualifiziertes Personal angewiesen sein wird, will man nicht offenen Auges Gefahr laufen, im Wettbewerb zurückzufallen und wichtige Marktanteile zu verlieren. Das wär's dann aber auch schon – zumal offensichtlich manche sogenannte Unternehmer, die sich selbst für besonders clever halten, meinen, das inzwischen so beliebte Instrument der Zeitarbeit sei der richtige Weg, um zukünftig jegliches Personalrisiko von sich fernzuhalten. Mehr hat die globale Krise, mit deren Folgen wir noch lange zu ringen haben werden, kaum bewirkt. Umso angenehmer, wenn man sich nun wieder gelassen im Sessel zurücklehnen kann, in der Gewissheit, dass sich das rührende Abstrampeln der Weltverbesserer auch dieses Mal wieder ganz von selbst totlaufen wird. Denn jeder weiß doch, dass es nie und nimmer gelingen kann, die so unterschiedlichen Interessen der einzelnen Nationen unter einen Hut zu bringen. Das gilt ja schon, wenn es nur um neuerdings – zu Recht – so populäre Gebiete wie den Umweltschutz geht. Um wie viel aussichtsloser muss es da sein, allgemeine und noch dazu verbindliche Regeln für den weltweiten Wettbewerb durchsetzen zu wollen – von entsprechenden sozialen

Standards ganz abgesehen. Wenn das aber doch für jeden wenigstens einigermaßen intelligenten Menschen so deutlich auf der Hand liegt, warum sich dann deswegen graue Haare wachsen lassen – oder gar aus eigenem Antrieb versuchen, solche Anliegen Wirklichkeit werden zu lassen?

Und in der Tat: Wer die globale finanz- und realwirtschaftliche Situation nüchtern betrachtet, wird nicht umhinkönnen, schon auf den ersten Blick die gewaltigen Interessengegensätze zu erkennen, die jedem Durchbruch entgegenstehen. Da gibt es ja keineswegs nur die USA mit ihrem unverändert riesigen Potential an Kapital und Wissen, die eingebettet sind in eine historisch tiefverwurzelte Tradition eines von staatlicher Regulierung möglichst unbehelligten unternehmerischen Handelns. Nein, natürlich denken auch die prosperierenden jungen Volkswirtschaften in China oder Indien nicht im Traum daran, sich vom mahnenden Zeigefinger der ohnehin untereinander zerstrittenen Europäer ernstlich beeindrucken zu lassen. Kaum anders ist es mit den Ländern und Nationen auf dem südamerikanischen Kontinent, die von dem Gefühl geleitet werden, nun endlich Anschluss finden zu können. Und natürlich nicht zu vergessen die bisher von nahezu allen fairen Chancen abgeschnittenen Völker in Afrika – können sie es sich einfach gefallen lassen, Regeln akzeptieren zu müssen, die eigentlich auf ganz andere Erdteile gemünzt sind?

Das Dilemma für uns Europäer tritt unter diesen Umständen selbst für die Gutgläubigsten offen zutage. Haben wir eigentlich – außer einigen wohlklingenden Argumenten – irgendetwas in der Hand, was wirklich zählt? Zumindest auf den ersten Blick scheint es so, als stünden wir tatsächlich mehr oder minder hilflos vor einer Entwicklung, die auch uns überrollen muss. Da mag es dann naheliegen, so schnell wie möglich zur bewährten Medizin der Heuchelei zu greifen. Doch wird es uns ernstlich noch ein weiteres Mal weiterhelfen, einzig und allein auf deren Hilfe zu bauen?

Das wird nicht der Fall sein. Denn wahrlich steht es für Europa Spitz auf Knopf. Dabei haben wir auf dem Papier gar keine schlechten Karten. Alle zusammen können wir zwar mit der nackten Einwohnerzahl von Indien oder China nicht mithalten. Unser Binnenmarkt ist trotzdem mehr als groß genug, um im Wettbewerb um die Produktionskosten von Gütern aller Art nicht hoffnungslos ins Hintertreffen zu geraten. Wir verfügen über Arbeitskräfte, die sich hinsichtlich ihrer Ausbildung und ihres Könnens hinter niemandem auf der Welt verstecken müssen. Wir haben Erfahrungen mit Kunden in allen Teilen der Erde, die sich andere erst noch hart erarbeiten müssen. Und nicht zuletzt verbindet uns eine gemeinsame kulturelle und geschichtliche Tradition, auf die Verlass ist – wenn wir es nur wollen.

Genau hier aber liegt die offene Frage. Sie lautet, ob wir gemeinsam die Kraft finden zu verstehen, dass wir nur dann unsere Chancen im globalen Wettbewerb wahren können, wenn wir bereit sind, nicht mehr auf die kleinkarierten Provinzpolitikerinnen und -politiker zu hören, die uns weismachen wollen, jede europäische Nation würde bestehen können, wenn ihre jeweiligen Eigenheiten wie ein Heiliger Gral behütet blieben.

Auch nach der Umsetzung der Verträge von Lissabon muss es vielmehr für die Gemeinschaft der Europäer allerhöchste Priorität behalten, die Vertiefung ihrer Union weiter voranzutreiben – notfalls verbunden mit dem Mut, ein »Europa der zwei Geschwindigkeiten« in Kauf zu nehmen. Unverändert bleiben es die Franzosen und die Deutschen, die insofern vor allen anderen gefragt sind, und diejenigen, die sich nicht in der Lage sehen, dem Weg einer noch so großen Mehrheit zu folgen, müssen dann eben in den Rang von Juniormitgliedern zurücktreten (oder, wenn sie es unbedingt wünschen, sogar wieder austreten).

Warum das so ist, wird jeden Tag deutlicher. Es geht keineswegs – jedenfalls nicht in erster Linie – um das gemeinsame militärische Potential der Europäer und ihre Bereitschaft, davon verantwortungsbewusst Gebrauch zu machen. Natürlich kann niemand die Augen davor verschließen, dass wir insofern vor allem im Vergleich zu den USA uneinholbar im Rückstand bleiben werden. Doch, mit Ausnahme des internationalen Terrorismus, dessen auch wir uns vermehrt zu erwehren haben, sind wir in der glücklichen Lage, zumindest in unserer unmittelbaren Nähe keine übermächtigen Feinde befürchten zu müssen. Das ändert freilich nicht das Geringste daran, dass längst eine gnadenlose Auseinandersetzung um die Regeln im Gange ist, die in Zukunft über die Entwicklung der globalen Märkte bestimmen werden. Es geht um die Zukunft unserer Umwelt, um den Erhalt unserer sozialen Sicherungssysteme, um gleiche Wettbewerbsbedingungen auf den internationalen Finanzmärkten, um den Zugang zu den neuen Märkten und die Sicherung des freien Handels für alle, um internationale Rechtsvorschriften, die allen Wettbewerbern gleichen Schutz gewähren, und natürlich nicht zuletzt auch um den Abbau aller Arten von religiöser oder rassischer Diskriminierung.

Sicherlich gehören dabei jegliche Wunschvorstellungen, die etwa mit Begriffen wie »Vereinigte Staaten von Europa« zu verbinden wären, ins Reich der Träume. Es gibt nun einmal Mitgliedsstaaten und deren Bevölkerungen, die nachgerade panisch unter der Angst leiden, ihre über die Jahrhunderte hinweg gewachsene und erkämpfte Verfassung könnte ihnen durch »Fremde« – sprich: die übrigen Europäer – aus der Hand geschlagen werden. Jeder Versuch, gegen derartige Windmühlen zu kämpfen, wäre von vornherein aussichtslos. Doch ich wiederhole: Gerade deswegen kann von verantwortungsbewusster europäischer Politik nur dann gesprochen werden, wenn die Beteiligten den Mut zu dringlichen konkreten Schritten aufbringen, die uns einem solchen Ziel näherbringen. An vorderster Stelle steht dabei die Notwendigkeit, nicht nur zu begreifen, sondern auch durchzusetzen, dass endlich eine gemeinsame europäische Wirtschaftspolitik möglich wird. Das erzwingt nicht nur der Erhalt des Euro als der gemeinsamen Währung, sondern – ganz unabhängig davon – der weltweite wirtschaftliche Wettbewerb, dem niemand mehr entfliehen kann. Die Griechenland-Krise sollte uns allen dafür endgültig die Augen geöffnet haben. Noch bleibt das Fenster für die Europäer geöffnet. Das wird jedoch nicht mehr endlos lange Zeit so bleiben. Keine Heuchelei, mag sie auch noch so gut gelingen, wird die Verantwortlichen in der Politik, der Wirtschafts- und Finanzwelt (und genauso auch in den Gewerkschaften) vor dem Zwang bewahren, dieser Wahrheit ins Gesicht zu sehen und entsprechend zu handeln. Die jetzige Regierung der Bundesrepublik zählt durchaus an vorderer Stelle zu den Adressaten einer solchen Mahnung.

Sonntagsreden, schöne Phrasen und Phantasiebilder,

taktische Finessen werden da nicht weiterhelfen. Gefragt ist etwas, was seinerzeit Bundeskanzler Helmut Schmidt befähigt hat, zusammen mit dem französischen Präsidenten Valery Giscard d'Estaing gegen den Widerstand unzähliger sogenannter Fachleute die Türen für das Projekt einer gemeinsamen Währung zu öffnen. Unter Berufung auf den Philosophen Karl Popper pflegte er sich auf die Kunst des *piece-meal engineering* zu verlassen, des ebenso zähen wie mühseligen Überwindens von Schwierigkeiten, und zwar, wenn es denn nicht anders ging, durchaus auch unter Inkaufnahme von Umwegen. Seien wir dankbar, dass manche seiner Nachfolger und Nachfolgerinnen wenigstens diese Lehre begriffen zu haben scheinen.

Wirklich ins Gewicht fallende Erfolge werden allerdings unverändert nur dann zu erreichen sein, wenn sich die wichtigen unternehmerischen Entscheidungsträger gleichfalls ihrer Verantwortung stellen. Bisher war das nicht gerade selbstverständlich. Schließlich erwarten ihre Aktionäre angeblich nichts anderes als möglichst hohe Gewinne. Mit (vermeintlich) überflüssigen Kosten sind diese kaum vereinbar. Damit aber scheint es für viele dieser Herrschaften auf der Hand zu liegen, dass eine Rücksichtnahme auf übergeordnete Anliegen allenfalls dann in Frage kommen darf, wenn dadurch die eigentliche unternehmerische Aufgabe nicht beeinträchtigt wird: das Vermögen der Eigentümer zu mehren. Verantwortungsbewusstsein? Leichter gesagt als getan.

Ich will das Dilemma an einem kleinen, auf eigener Erfahrung beruhenden Beispiel etwas näher erläutern. Zu Beginn der neunziger Jahre des letzten Jahrhunderts stand das Thema der Umweltbelastungen durch den

Straßenverkehr zum ersten Mal ganz oben auf der europäischen Tagesordnung. Die Brüsseler EU-Kommission und der Ministerrat ließen die Absicht erkennen, von sich aus das Thema mit dem Ziel einer übergreifenden gesetzlichen Regelung aufzugreifen. Das führte dazu, dass sich die Unternehmen der damaligen westeuropäischen Automobilindustrie im Rahmen ihres Verbandes zusammensetzten, um zu klären, ob den Behörden stattdessen eine freiwillige Reduzierung des Ausstoßes an den fraglichen Stickoxyd-Gasen angeboten werden könnte. Der Streit darüber zog sich über viele Monate hin. Zum Schluss blieb er ohne Ergebnis – und das Feld den jeweiligen nationalen Gesetzgebern überlassen.

Auf den ersten Blick scheint der Grund dafür durchaus einleuchtend. Die Angebotspalette der Mehrzahl der beteiligten Herstellerunternehmen bestand überwiegend aus Fahrzeugen mit kleinvolumigen Motoren und zielte auf die billigeren Marktbereiche. Eine zusätzliche Ausstattung mit Abgaskatalysatoren hätte also für diese Produkte eine prozentual größere Verteuerung nach sich gezogen und damit ein höheres Absatzrisiko als für diejenigen bedeutet, die überwiegend teurere Fahrzeuge herstellten. Auf unserer deutschen Seite unterschied sich damit die Interessenlage von Volkswagen deutlich von derjenigen von BMW und Daimler-Benz. Das wäre freilich nur dann ernstlich ins Gewicht gefallen, wenn sich Carl Hahn als Chef von VW, Eberhard von Kuenheim als Vorstandsvorsitzender von BMW und ich als Vertreter der Marke Mercedes tatsächlich darauf eingelassen hätten, einer solchen aus unserer Sicht mehr als kurzsichtigen Argumentation Vorrang einzuräumen vor der Einsicht in die Vorzüge einer gemeinsamen europäischen Lösung. Trotzdem blieben wir erfolglos – ganz einfach, weil sich die Kollegen der großen französischen und italienischen Hersteller (und ihnen schlossen sich die Vertreter der damaligen amerikanisch-europäischen Firmen Opel und Ford sofort an) einig waren, ihren jeweiligen Regierungen, die sie auf ihrer Seite wussten, das Verhandlungsfeld zu überlassen.

Für mich war dies nur eine erneute handgreifliche Bestätigung für vielfältige vorangegangene Erfahrungen mit der herausragenden, ja weitgehend alleinentscheidenden Rolle, die traditionell dem jeweiligen »Chef« in anderen europäischen Unternehmen zukam. In Frankreich trug er regelmäßig den Titel eines PDG, will sagen: *président directeur general*. In anderen Ländern wie Italien oder Spanien lautete die Bezeichnung ganz ähnlich. Bei uns in Deutschland hingegen besagt das Aktiengesetz in aller Klarheit, dass der Vorsitzende des Vorstandes im Verhältnis zu den anderen Vorstandsmitgliedern nicht mehr als gleichberechtigt ist. Zwar trägt er in aller Regel die Verantwortung für die strategische, also langfristige Ausrichtung des Unternehmens – ansonsten aber hat er vor allem die Aufgabe, die Arbeit seiner Kollegen zu koordinieren. Irgendwelche alleinherrlichen Entscheidungsrechte leiten sich daraus in keiner Weise ab. Hinzu kommt, dass bei deutschen Aktiengesellschaften zwingend ein getrennt besetzter Aufsichtsrat bestehen muss, dem die Kontrolle des gesamten Vorstandes obliegt – im Unterschied zu den maßgeblichen übrigen europäischen Gesellschaften, bei denen regelmäßig der betreffende Chef gleichzeitig auch einem nur teilweise mit Außenstehenden besetzten Aufsichtsgremium vorzusitzen pflegte. Inzwischen hat sich zwar der französische Gesetzgeber weitgehend von den Vorzügen des traditionellen deutschen Systems überzeugen lassen. Umgekehrt hat sich jedoch seitdem auch hierzulande die aus den USA herübergewehte Unsitte eingefressen, den Vorsitzenden des Vorstandes zum allmächtigen »Boss« hochzustilisieren, der als Alleinherrscher die Verantwortung für das Geschick eines börsennotierten Unternehmens trägt.

Wie es sich gehört, bezeichnet man diese Götter inzwischen mit einer englischsprachigen Abkürzung: CEO, *chief executive officer*. Zusammen mit der zeilenträchtigen Darstellung ihrer jeweiligen geheimnisumwitterten Machtpositionen pflegt die Höhe der Bezüge, die auf ihre Konten fließen, Jahr um Jahr herrlichen Stoff für die Medien zu liefern. In der Tat ist es ja nicht ganz reizlos, sich Gedanken darüber zu machen, warum und wie es eigentlich dazu kommen konnte, dass sich eben nicht nur in der Finanzwelt, sondern auch für die Führungsschicht der großen Industrieunternehmen etwa seit Mitte der neunziger Jahre des vergangenen Jahrhunderts eine explosionsartige Steigerung ergeben hat. Natürlich bilde ich mir nicht ein, das Maß aller Dinge zu sein. Aber immerhin mag es interessieren, dass sich mein eigenes steuerpflichtiges Gesamteinkommen 1994, dem letzten vollen Jahr meiner Tätigkeit als Vorstandsvorsitzender des damals bei weitem größten und selbstverständlich längst schon global tätigen europäischen Industrieunternehmens, auf knapp zwei Millionen Deutsche Mark belief. Nahezu ein Viertel davon entfiel auf Erträge meines privaten Vermögens sowie auf die Honorierung von Aufgaben außerhalb des Unternehmens. Damals habe ich mir durchaus Gedanken darüber gemacht (und diese auch öffentlich geäußert), inwiefern es zu rechtfertigen sei, dass die Verantwortungsfülle des deutschen Bundeskanzlers nur mit einem Bruchteil meines

Einkommens honoriert wurde. Das hat freilich nichts daran geändert, dass sich die vergleichbaren Bezüge inzwischen, also während eines Zeitraumes von weniger als 15 Jahren, verfünffacht haben. Noch einmal: »Nur wer im Wohlstand lebt, lebt angenehm.«

Für die Medien ist dies natürlich hochwillkommen. Braucht man sich doch nicht länger die Mühe zu machen, ernsthaft nachzuforschen, wie es zu bestimmten Entscheidungen gekommen ist und wer sie möglicherweise mit seinen eigenen Interessen beeinflusst hat. Immer ist es ja der sagenumwobene Chef, dem allein – je nachdem – entweder das Verdienst am Erfolg oder die Schuld am Versagen zukommt. Erst war Wendelin Wiedeking ein einzigartiges Unternehmergenie, dem das wahrhafte Zauberkunststück gelungen war, für Porsche mehr Gewinn als Umsatz zu erzielen – kurz darauf war es justament der gleiche Mensch, der durch seinen bodenlosen Übermut die Selbständigkeit des stolzen, von ihm geführten Unternehmens aufs Spiel gesetzt hatte. Gewiss werden die unverbrüchlichen Freunde des freien Marktes an den Hochschulen und Universitäten, die Unternehmensberater, Börsenanalysten und Investmentbanker für diesen vermeintlichen Beweis ihrer grundsätzlichen Thesen zumindest im Stillen Beifall geklatscht haben. Dabei hat es sich in Wirklichkeit doch nur um einen internen Machtkampf gehandelt, der am Ende seine Opfer einforderte. Mit einem Beleg für die Leistungsfähigkeit des marktwirtschaftlichen Systems hat der Vorgang hingegen nicht das Geringste zu tun. Vielmehr wird mich niemand von der Überzeugung abbringen, dass uns die auf diese Weise zum Ausbruch gekommene geistige wie moralische Verirrung auf die Dauer nur an den Rand des nächsten Abgrundes führen kann.

Kein einzelner Mensch wird jemals imstande sein, die Zukunft einer so großen Organisation wie eines weltweit tätigen Wirtschaftsunternehmens vorhersehen oder bestimmen zu können. Gewiss muss es in einer freiheitlich verfassten Finanz- und Wirtschaftsordnung wie einer Marktwirtschaft unverzichtbar bleiben, dass die Bereitschaft, eigenes Kapital – also Eigentum – einzusetzen, auch dazu berechtigt, über die Art und Weise seiner Verwendung zu bestimmen. In Unternehmen aller Art, die – wie vor allem die klassischen Familienunternehmen – allein oder überwiegend auf eigenes Risiko durch private Eigentümer geführt werden, darf es in diesem Sinne auch keine anderen Einschränkungen als allgemeine Gesetze geben (selbstverständlich unter Einschluss sozialrechtlicher oder umweltpolitischer Bestimmungen). Sobald jedoch das Gebiet der großen, sich im Besitz unzähliger Aktionäre befindlichen und börsennotierten Weltunternehmen betreten wird, bleibt es zwingend notwendig, dafür zu sorgen, dass wichtige Entscheidungen nicht allein durch irgendeinen großmächtigen »Boss« getroffen werden können.

Sie müssen vielmehr das Ergebnis einer sorgfältigen Abwägung in qualifizierten und verantwortungsbewussten Gremien sein, die dafür in sinnvoller Weise haften. Selbst wenn wir uns tatsächlich wieder an derartige Notwendigkeiten erinnern sollten, wird es immer Pannen geben, die für die betreffenden Unternehmen sogar tödlich enden können. Denn nicht nur einzelne Menschen können sich irren. Dies kann genauso geschehen, wenn tatsächlich eine sachkundige Abwägung durch eine Mehrzahl verantwortungsbewusster Personen stattgefunden hat – und nicht zuletzt wird dies nahezu zwangsläufig der Fall sein, sollte ein völlig inkompetenter Vorsitzender des Aufsichtsrates in die Hände eines macht- und einkommensgierigen CEO geraten: So etwas soll es ja in der Tat schon gegeben haben.

Alles in allem sind jedenfalls noch sehr, sehr dicke Bretter zu bohren, bis sich – zuerst in Europa, dann aber Schritt um Schritt über seine Grenzen hinaus – die Einsicht durchgesetzt haben wird, dass sich unternehmerisches Verantwortungsbewusstsein auf weit mehr zu erstrecken hat als nur auf die Zielsetzung, das Vermögen der Aktionärinnen und Aktionäre zu mehren. Eine angemessene Berücksichtigung des gemeinen Wohls gehört unverzichtbar dazu (einschließlich einer Rücksichtnahme auf die Interessen der im Unternehmen beschäftigten Menschen sowie der Umwelt). Und ich will sogleich hinzufügen, warum es sich dabei für mich um weit mehr als nur um die treuherzige Hoffnung eines optimistisch gebliebenen alten Mannes handelt: Sollte es nicht gelingen, diesen Zielsetzungen in sehr absehbarer Zeit deutliches Gehör zu verschaffen, wird ungezügelte Gier nach immer mehr Geld eine noch weit schlimmere Katastrophe als die globale Krise der vergangenen Jahre auslösen.

Die Entwicklung hat nämlich nicht nur bei den selbsternannten Eliten der globalen Finanzwirtschaft, sondern kaum anders auch bei weiten Teilen des Führungspersonals in den weltweiten Großunternehmen zum Verlust fast aller der früher einmal selbstverständlichen moralischen Maßstäbe geführt. Das muss zwangsläufig die Frage nach sich ziehen, wie es zu verhindern ist, dass die Gefahr einer endgültigen wirtschaftlichen Weltkatastrophe eines Tages zur schrecklichen Wirklichkeit wird. Dabei fürchte ich, dass selbst bei noch so großem Bemühen jeder Versuch hoffnungslos bleiben wird, durch zwangsweise auferlegte Verhaltensregeln eine innere Einstellung durchzusetzen, mit der große, weltweit tätige Finanz- und Industrieunternehmen geführt werden sollten. Es geht um Verantwortungsbewusstsein. Dieses kann und wird, ob man es will oder nicht, regelmäßig in Widerstreit geraten mit persönlichen Interessen. Letzten Endes geht es also um ein Problem von Anstand und Moral, um eine zutiefst ethische Kategorie.

Wie schmal die Grenze sein kann, auf der man sich dabei zu bewegen hat, wird an einer Reaktion von Josef Ackermann deutlich, den es offenbar tief getroffen hatte, dass sein selbstloses Wirken für die deutsche Bankenwelt im Allgemeinen und die Deutsche Bank im Besonderen von der bösen Außenwelt nicht ausreichend gewürdigt wurde – was seinen Niederschlag in dem fast schon geschichtsträchtigen Aufstöhnen fand, man (gemeint war wohl die ganze Nation) könne ihm »doch auch einmal danke sagen«.

Zur Lösung des Problems bleibt tatsächlich nur ein Rat, der für manchen gar nach billiger Ausflucht klingen mag. Er lautet, sich auf ein Leitbild zu besinnen, das über lange Jahrhunderte hinweg und (wenn auch manches Mal nur noch mehr oder minder deutlich) eigentlich nahezu bis zur vergangenen Jahrtausendwende das Verhalten in der europäischen Wirtschaft geprägt hatte: das Leitbild des »ehrbaren Kaufmanns«. Ethik und Wirtschaft waren für ihn untrennbar miteinander verbunden, sein Denken und Handeln auf nachhaltigen Erfolg des Unternehmens gerichtet, Verantwortungsbewusstsein für das Ganze hatte stets Vorrang vor der Verfolgung rein persönlicher Interessen. Und ich bleibe eben (mag mir das auch als blauäugige Träumerei ausgelegt werden) zuversichtlich, dass sich nach der Erfahrung, die wir unter der Fuchtel der Gier als oberstem Gesetz finanziellen und wirtschaftlichen Handelns machen mussten und weiterhin machen, eine ähnlich tiefe Überzeugung von gemeinsamen Werten wiederbeleben wird, die einstmals diesem ehrwürdigen Ideal des ehrbaren Kaufmanns zugrunde lag. Schneller als gedacht könnte sie sich als wesentlich stärker und wirksamer erweisen als jede noch so ausgefeilte gesetzliche Regelung. Der im Juni 2010 aus seinem Amt geschiedene Bundespräsident Köhler hat daran in mehreren »Berliner Reden« schon erinnert, einer der vorbildlichen mittelständischen Unternehmer, Berthold Leibinger, lässt keine Gelegenheit aus, das Gleiche einzuklagen.

Auf einen ganz einfachen Nenner gebracht würde eine derartige gemeinsame Überzeugung allen Beteiligten auferlegen, sich an das zu halten, »was man tut«, und das zu unterlassen, »was man nicht tut«. Wäre dann der Umgang miteinander wieder geprägt durch Aufrichtigkeit, Mäßigung und Demut, dann würde es wohl auch wieder selbstverständlich werden, denjenigen, die sich nicht danach richten, unmissverständlich zu verstehen zu geben, dass man ihnen nicht mehr auf kollegialer oder gar privater Ebene begegnen möchte.

Gewiss käme so etwas, sollte es tatsächlich eintreten, nahezu einem Wunder gleich. Doch Wunder geschehen eben. Und sie könnten dem ein Ende setzen, was heutzutage üblich geworden ist – auf dem Jahrmarkt öffentlicher Kongresse und medienträchtiger Veranstaltungen wohlklingende Reden zu schwingen, um anschließend im Kreise der Gleichgesinnten beim Besuch der nächsten Festspiele das Champagnerglas zu heben und sich freundschaftlich zwinkernd auf die Schulter zu klopfen.

»Dummheit und Stolz
wachsen auf einem Holz«

Bei eher flüchtigem Überfliegen des Textes dürften sich
womöglich manche über das eine oder andere gewun-
dert, hie und da sogar geärgert haben. Als Ausdruck
schierer, ja unverschämter Heuchelei wird das Gelesene
hoffentlich nicht aufgenommen worden sein.

Ich beharre darauf: Die Kunst der Heuchelei erfreut
sich einer einzigartigen Hochkonjunktur. Unbeirrbar
gelingt es ihren Adepten, einer staunenden Menschheit
ein gewaltiges Paradoxon als gesicherte Wahrheit vorzugaukeln: dass ihr Denken und Handeln in Wirklichkeit auf das allgemeine Wohl ausgerichtet seien, gerade
weil es zuerst die eigenen Interessen und den eigenen
Vorteil im Blick habe. Wie es sich gehört, berufen sie sich
dabei auf Lehrgebäude, die mit den Weihen der Wissenschaft versehen sind. Besonders beliebt ist der immer
wieder neu missbrauchte Adam Smith, dem ständig – in
gänzlich unzulässiger Verkürzung – zugeschrieben wird,
er habe schon 1776 mit seiner grundlegenden Unter-
suchung »An Inquiry into the Nature and the Causes of
the Wealth of Nations« den Nachweis geliefert, dass die
Summe von ungezügeltem Eigennutz Einzelner sich letzten Endes zum höchstmöglichen Wohlstand der ganzen
Nation aufaddiere. Dennoch hat sich wohl inzwischen
sattsam genug herumgesprochen, dass diese Berufung
der modernen Jünger auf die berühmte »unsichtbare
Hand« nichts als eine faule Ausrede ist. Bereits Smith

selbst hatte unmissverständlich darauf aufmerksam gemacht, dass der besagte Eigennutz sich in den Rahmen »ethischer Gefühle« einfügen müsse. Weder das System der Marktwirtschaft noch der Kapitalismus als solcher berechtigen oder zwingen irgendjemanden zu rücksichtslosem Egoismus. Diejenigen, denen die maßgeblichen Entscheidungen von global tätigen Unternehmen anvertraut sind, sind keine Marionetten der Börsen: Sie sind frei bei der Festlegung des Weges, den sie einschlagen wollen. Wer etwas anderes glaubt oder ausposaunt, ist nichts als ein bedauernswertes Opfer der Magie der Heuchelei – oder einer ihrer treuen Anhänger.

Freilich bleibt der Einwand, dass Heuchelei nur Erfolg haben kann, wenn es nicht nur gelingt, Glaubhaftigkeit vorzutäuschen, sondern dafür auch ein geneigtes Publikum zu finden. Auf dem Hintergrund dessen, was wir im Verlauf der letzten Jahre erleben mussten, bedarf es kaum einer näheren Begründung, dass Glaubwürdigkeit jeder Art den Spitzenvertretern der Finanz- wie der Unternehmenswelt inzwischen hoffnungslos verlorengegangen ist. Damit finden sie sich in einer Gesellschaft wieder, die sie in früheren Zeiten gern weit von sich wiesen: mit der Politik. Zugleich fürchte ich, dass für jeden, der sich um die Zukunft des demokratischen Prinzips sorgt, eine äußerst beunruhigende Feststellung unvermeidlich geworden ist. Sie lautet, dass in nahezu allen demokratisch organisierten Staaten das Interesse am politischen Geschehen zunehmend nachlässt. Als Folge geht überall die Wahlbeteiligung zurück. Ebenso unbestreitbar gibt es dafür einen augenscheinlichen Grund: eben den Verlust der Glaubwürdigkeit der führenden Persönlichkeiten.

Der strahlende Wahlsieg von Barack Obama in den

USA beweist keineswegs das Gegenteil. Vielmehr wird er erst durch die Sehnsucht der Bevölkerung nach neuer Glaubhaftigkeit erklärlich. Allerdings gebietet das Gebot der Fairness, nicht zu vergessen, dass demokratische Politik gleichbedeutend mit dem Zwang ist, Mehrheiten zu gewinnen. Dies gelingt nun einmal eher selten, indem man der Wählerschaft die nackte Wahrheit ins Gesicht sagt. Niemand braucht also ernsthaft auf die Idee zu kommen, Wahlprogramme mit wissenschaftlichen Abhandlungen oder Wahlreden mit purer Wahrheit zu verwechseln. Wohl oder übel müssen sie vieles im Dunkeln lassen. Das ändert freilich nichts daran, dass die Lebensfähigkeit parlamentarischer demokratischer Systeme grundlegend von einer moralischen Kategorie abhängt: der Glaubwürdigkeit.

In diesem Sinne befinden sich demokratische Politiker durchaus in einem Boot mit den Vertretern der Wirtschaft und der Finanzen. Wollten wir die Thematik dieses Buches auf grundlegende Fragen unserer politischen Grundordnung ausdehnen, würden wir freilich kein Ende finden. Das endlose Gerangel über die Beteiligung Deutschlands an den ebenso unpopulären wie unverzichtbaren Finanzhilfen zur Rettung des Euro anlässlich einer befürchteten Pleite Griechenlands müssten uns da nicht weniger intensiv beschäftigen als der Aufschrei bayerischer Provinzpolitiker über den Mut einer türkischstämmigen Ministerkandidatin, endlich die Umsetzung eines verbindlichen Urteil des Bundesverfassungsgerichts anzumahnen und die Kruzifixe aus den Schulräumen zu verbannen. Allein aus diesem Grund möchte ich unsere Mühe lieber nicht auf den Versuch verschwenden, ein umfassendes Loblied auf die Heuchelei all derer anzustimmen, die uns mit angeblichen

Wahrheiten über die langfristige Tragfähigkeit unseres Systems der Alterssicherung, über die Funktionsweise und Struktur des zukünftigen Arbeitsmarkts oder über die weitere Entwicklung der Europäischen Union zu beglücken pflegen.

Insofern würde übrigens allergrößte Bewunderung verdienen, wer ernsthaft den Mut aufbrächte, sich an eine grundlegende Reform unseres Gesundheitswesens heranzumachen: Das Grabensystem, das die Ärzteorganisationen, die Krankenkassen und nicht zuletzt eine nahezu allmächtige Pharmaindustrie zum Schutz ihrer jeweiligen Interessen durch das Land gezogen haben, ist undurchdringlich mit den Tarnnetzen perfekter Heuchelei überdeckt. Eine durchgreifende Sanierung wird offensichtlich nur dann eine Chance haben, wenn der endgültige Zusammenbruch kurz vor der Tür steht, und daran werden auch die zaghaften Reparaturversuche eines jungen Ministers nichts ändern, die inzwischen an die Stelle einer anfänglich so vollmundig angekündigten Umstellung auf eine Finanzierung durch Kopfprämien getreten sind.

Nachdem es in diesem Buch um Musterbeispiele für besonders hervorstechende Heuchelei – und deren Ursachen – geht, würde es mir andererseits als nahezu unentschuldbare Unterlassungssünde erscheinen, nicht wenigstens eine kleine Blütenlese aus dem politischen Tagesgeschehen anzuführen. Sie mag zeigen, wie selbstverständlich dort geheuchelt und wie billig die Münze der Glaubwürdigkeit gehandelt wird. Eine dieser Blüten betrifft den Afghanistan-Einsatz der Bundeswehr, eine zweite unsere etablierten Systeme der Bildung und der Wissenschaft und eine dritte schließlich alles das, was heute mit dem Begriff Kulturbetrieb umschrieben wird.

Zur Einstimmung lassen Sie uns einen kurzen Blick auf das deutsche Engagement in Afghanistan werfen. Schon seit langem beschäftigt es uns alle, manchmal eher am Rande oder auch mit einem achselzuckenden Unbehagen, zuletzt allerdings mit besorgter Unruhe. Besonders intensiv gilt dies seit der Regierungsübernahme durch die schwarz-gelbe Koalition. Zu Recht. Denn in unübertrefflicher Klarheit zeigt das Geschehen auf, wie sich ein Entschluss, von dem man anfangs glaubte, dass er aus guten Gründen von einer breiten Mehrheit der Wählerschaft mitgetragen wird, im Laufe der Zeit in eine fast unentrinnbare Verstrickung verwandeln kann – mit der Folge, dass die Verantwortlichen keinen anderen Ausweg mehr sehen, als sich schrittweise immer tiefer in den Fallstricken der Heuchelei zu verfangen.

»Deutschlands Sicherheit wird auch am Hindukusch verteidigt« – die inzwischen fast schon zum geflügelten Wort gewordene Sentenz des damaligen Verteidigungsministers Peter Struck stammt aus dem Jahr 2002. Damals traf sie zu. Nicht wenige Mitglieder beider Regierungsparteien, sowohl der SPD als auch der Grünen, waren freilich anfänglich keineswegs bereit, dieser Beurteilung unbesehen zuzustimmen. Erst nachdem der Bundeskanzler Gerhard Schröder die Zweifelnden dadurch, dass er im Parlament die Vertrauensfrage stellte, mehr oder minder dazu gezwungen hatte, entstand zwischen der Bundesregierung und der Opposition nicht anders als in weiten Teilen der Öffentlichkeit Einsicht in die Notwendigkeit, sich im Rahmen unserer Mitgliedschaft an dem durch die NATO geplanten Militäreinsatz in Afghanistan zu beteiligen. Das von einer erdrückenden Mehrheit beschlossene Votum des Bundestages war denn auch von der Überzeugung getragen, dass wir uns als Mitglied einer demokratischen und wehrhaften Staatengemeinschaft der Verantwortung nicht entziehen durften. Ausgangspunkt war die Erkenntnis, dass der internationale Terrorismus, der im September 2001 so grauenerregend in Manhattan zugeschlagen hatte, inzwischen durch Osama bin Laden und seine Al Qaida von Afghanistan aus gelenkt wurde. Dabei bezweifelte kaum irgendjemand, dass die deutsche Beteiligung eindeutig nicht nur durch das geltende Völkerrecht, sondern auch durch unser Grundgesetz gedeckt war.

Dem folglich durch den Sicherheitsrat der UNO abgesegneten Beschluss der NATO zur militärischen Intervention lag eine Strategie zugrunde, auf die man sich als Ergebnis von anfänglich nicht unkontroversen Auseinandersetzungen zwischen den beteiligten Staaten geeinigt hatte. Sie unterschied zwischen der »Operation Enduring Freedom« (OEF), der eigentlichen Kriegsführung (getragen vornehmlich durch den militärischen Einsatz der USA, aber auch einer Reihe anderer europäischer Staaten), auf der einen und dem Einsatz der ISAF (»International Security Assistance Force«) auf der anderen Seite, die vorrangig auf den Schutz der internationalen Hilfsbemühungen beim Aufbau einer lebensfähigen afghanischen Zivilgesellschaft gerichtet war. Dabei sollte die deutsche Beteiligung ausdrücklich auf diesen zweiten Bereich beschränkt bleiben, also – unter strenger Beachtung des Grundgesetzes – keinerlei Militäreinsätze erlauben, die in irgendeiner Weise die Grenzen reiner Verteidigungshandlungen überschritten. In organisatorischer Hinsicht ergab sich daraus auf deutscher Seite eine Aufteilung der Führungsverantwortung zwischen der für die militärischen Schutzaufgaben verantwortlichen NATO und damit dem

Verteidigungsminister sowie dem Außenminister, dem wiederum die Koordinierung der Aufgaben des Innenministeriums (Polizeiausbildung) und des Ministeriums für wirtschaftliche Zusammenarbeit (Wiederaufbau) obliegt.

Das Ganze ging mehr oder minder reibungslos gut, solange die deutschen Truppen nicht ins Visier von immer besser organisierten Guerillaanschlägen und bald darauf von massiven Raketenangriffen und sonstigen direkten Kampfhandlungen der afghanischen Taliban gerieten. Deren Aktionen zielten aber eben von einem bestimmten Zeitpunkt an keineswegs mehr vorrangig darauf, die Al-Qaida-Terroristen zu schützen, sondern fügten sich von Tag zu Tag mehr zu einer eigenständigen kriegerischen Strategie (hinter der wiederum die besonderen Machtinteressen vielfältiger lokaler Clans stehen, die wir hier durchaus beiseitelassen dürfen) gegen die ausländische Intervention zusammen. Zunächst waren die deutschen Truppen vor allem deswegen nicht davon betroffen, weil sich ihr Einsatz auf das Gebiet der Hauptstadt Kabul beschränkte. Dort hatten massive OEF-Maßnahmen – sprich: Militäreinsätze – sichergestellt, dass es außer gelegentlichen Selbstmordattentaten keine nennenswerten Auseinandersetzungen mit den Taliban mehr gab. Für die Medien wie auch für die breite deutsche Öffentlichkeit herrschte folglich der Eindruck vor, dass kein Anlass zu ernsthafter Sorge bestehe. Das gesetzlich zwingend erforderliche Entsendemandat wurde daher regelmäßig anstandslos durch eine breite Mehrheit des Bundestages verlängert – konnte man doch davon ausgehen, dass es sich bei der ISAF-Aktion und dem Einsatz der Bundeswehr tatsächlich um nichts anderes als einen reinen Beitrag zum Aufbau

einer funktionsfähigen Zivilgesellschaft oder – worauf
der hilflos der Entwicklung hinterherlaufende damalige
Verteidigungsminister Jung bis zu seinem unglückseli-
gen Rücktritt bestand – zur Stabilisierung der inneren
Situation in Afghanistan handelte.

Das sollte sich freilich ändern, als 2003 die NATO-
Führung den deutschen Verantwortungsbereich von
der Hauptstadt in den Norden des Landes, in die Re-
gion um Kundus, verlagerte und Deutschland 2006 das
Führungskommando für den gesamten Norden über-
nahm. Auch dieser Schritt vollzog sich durchaus in
aller Öffentlichkeit, wurde also weder vertuscht noch
verborgen. Anlass zur Besorgnis gab es zunächst kaum.
Umso schlimmer sollte es sich freilich auswirken, dass
es die für den deutschen Einsatz Verantwortlichen ver-
säumten, rechtzeitig die Wahrheit zu sagen, als sich
herausstellte, dass es nun mit der Beschaulichkeit in
Nordafghanistan vorbei war – und damit auch mit der
Naivität, mit der man sich bisher über die bitteren Realitäten des Einsatzes hinwegtäuschen konnte.

Das ursprünglich rein defensive Einsatzgebiet der
Bundeswehr wandelte sich in Wahrheit zur aktiven
Kampfzone. Im Klartext: Fortan ging es nicht mehr nur
um reine Verteidigungsmaßnahmen, sondern um offenen Krieg mit allen seinen Konsequenzen. Dazu mussten zwangsläufig auch Angriffshandlungen zählen, die
mit einem entsprechend höheren Risiko für die Angehörigen der Einsatztruppe verbunden waren. Da jedoch
weder die Bundesregierung noch die weit überwiegende
Mehrheit des Bundestages über einen langen Zeitraum
hinweg den Mut fanden, das alles offen zuzugeben,
verfiel man mehr oder minder hilflos der täglich stärker werdenden Versuchung, die unvermeidliche Ent-

wicklung mit dem Mantel der Heuchelei zuzudecken. Befallen von der Sucht waren bald alle diejenigen, in deren Händen die einschlägigen Entscheidungen lagen. Endgültig verfangen hat sich schließlich die derzeitige Bundesregierung darin, und mit ihr der so tatkräftige Herr zu Guttenberg, bis er – und mit geraumem Abstand danach auch die Bundeskanzlerin – nach dem Kriegstod junger Soldaten den Mut fand, endlich die Wahrheit einzugestehen.

Was sich in dem neuen deutschen Verantwortungsbereich um die drei Stützpunkte Kundus, Masar-i-Sharif und Faisabad im Nordosten Afghanistans schon lange zuvor abgespielt hatte, hat niemand anschaulicher und beeindruckender (wenn auch hie und da nicht ganz frei von den traditionell üblichen politischen Scheuklappen der Militärs) geschildert als Marc Lindemann in seinem Erfahrungsbericht »Unter Beschuss«. Mit einem Wort: Unter dem Zwang der durch die Taliban aufgezwungenen Ereignisse war aus einer Truppe, die anfänglich zur Stabilisierung und zum Schutz ziviler Aufbauhilfe in Afghanistan stationiert war, eine Kampfeinheit im Kriegseinsatz geworden. Genau das aber wurde der beunruhigten Öffentlichkeit immer wieder und mit allen Mitteln verheimlicht. Während man mit trauriger Miene die zunehmende Zahl junger deutscher Todesopfer beklagte, beschränkte man sich darauf, die sogenannte Taschenkarte mit den Einsatzregeln für die Soldaten an die neue Kampfsituation anzupassen, anstatt ihnen die für die neue Situation dringend benötigte Ausrüstung zur Verfügung zu stellen. Den Preis für die scheinheilige Heuchelei der politisch Verantwortlichen zahlten freilich nicht diese selbst. Das überließ man bereitwillig einem Offizier wie dem armen Oberst Klein, der (beraten von welchen militärischen Experten auch immer) eine folgenschwere Fehlentscheidung getroffen hatte. Und überhaupt: Jene Nacht von Kundus – welch herrliche Gelegenheit, durch Einsetzung eines Untersuchungsausschusses davon abzulenken, dass es eigentlich weit weniger um die damaligen Geschehnisse, mögen sie auch noch so haarsträubend gewesen sein, als darum gehen müsste, dass man selbst über Jahre hinweg die gesamte Öffentlichkeit bewusst hinters Licht geführt hatte.

Zusammenfassend will ich keinen Zweifel daran lassen, dass der ursprüngliche Entschluss von Bundesregierung und Bundestag zur Beteiligung an dem militärischen Einsatz der NATO in Afghanistan nach meiner Überzeugung richtig war und richtig bleibt. Ob wir darob begeistert sind oder nicht: Wir tragen nun einmal gemeinsame Verantwortung in der demokratischen Staatengemeinschaft. Das rechtfertigt es freilich noch lange nicht, einen Krieg zu führen, der lange genug auf heuchlerische Verheimlichung der Wahrheit gegenüber der Öffentlichkeit – um nicht zu sagen: auf Lüge – gebaut war. Vollmundige Ankündigungen einer neuen Strategie, die angeblich auf einer verbindlichen Planung für einen schrittweisen Abzug der NATO-Truppen beruht, ändern nichts daran. Zugegeben geschieht es sehr selten, dass ich mit einem politischen Leitartikel der *Frankfurter Allgemeinen Zeitung* übereinstimme. Georg Paul Hefty hatte jedoch vorbehaltlos recht, als er das Dilemma, in das wir uns hereinmanövriert haben, Ende 2009 in der Aussage zusammenfasste, dass »die Generationen, die in der Politik, im Militär, in den Medien und nicht zuletzt im allgemeinen Bürgertum Deutschlands jetzt den Ton angeben, keinen (er müsste neu sein) ethischen Maßstab« mehr hätten. Und da hilft es denn auch wenig, die inzwischen durch ihr persönliches Missgeschick so sehr gestrafte ehemalige Bischöfin Käßmann dafür anzuschwärzen, dass sie es gewagt hat, den Finger in die Wunde zu legen und die unangenehme Wahrheit endlich zum Gegenstand eines lange genug unterdrückten öffentlichen Disputs zu machen.

Was – als zweites Beispiel aus dem Bereich der Politik – den Zustand unserer Schulen angeht, wird es wohl mit Sicherheit schwerfallen, irgendjemanden, außer vielleicht die jeweils unmittelbar verantwortlichen Landesminister, ausfindig zu machen, der ernsthaft behaupten wollte, dass wir mit den bestehenden Zuständen zufrieden sein könnten. Die weit überwiegende Mehrheit dürfte hingegen überzeugt sein, dass unser gesamtes schulisches Ausbildungssystem schwerkrank ist und dringend einer grundlegenden Therapie bedarf. An den Stammtischen weiß zudem eine jede und ein jeder ganz genau, woran es liegt, wenn die ach so populären Pisa-Studien (oder deren Nachfolger) gnadenlos nachweisen, dass wir trotz aller Bemühungen im Vergleich der europäischen Länder unverändert weit hinterherhinken: Entweder ist es das faule und unfähige Lehrpersonal, sind es die Eltern, die es versäumt haben, ihren Kindern rechtzeitig mit Hilfe von ein paar Ohrfeigen den rechten Weg zu weisen, ist es das Beharren auf dem dreigliedrigen System, die mangelnde Integration der Migrantenkinder oder die unzureichende Bezahlung in den Kindergärten, ist es die misslungene Verkürzung der gymnasialen Ausbildung, der sträfliche Mangel an öffentlichen Geldern oder die Bevorzugung privater Schulen durch die Eliten – wenn nicht sogar alles zusammen.

Bereits ein solch flüchtiger Blick auf diesen – keineswegs erschöpfend aufgezählten – Blumenkorb voller Argumente legt die Schlussfolgerung nahe, dass es vollauf angemessen wäre, auch in dieser Hinsicht ein Loblied auf erfolgreiche Heuchelei anzustimmen. Sie alle treffen nämlich zu – aber eben immer nur in dem Sinne, dass sie die eigene Sicht und damit die eigenen Interessen voranstellen, anstatt sich zu bemühen, das große Ganze ins Visier zu nehmen. Dabei wäre es recht einfach, die Wahrheit zu erkennen. Freilich würde dies den Mut voraussetzen, offen und ehrlich zuzugeben, dass unser schulisches Bildungssystem veraltet ist, dass es die sozial schwächeren Schichten und mit ihnen wichtigstes Zukunftspotential nicht nur im Einzelfall, sondern strukturell vernachlässigt und dass es unter dem Strich in sträflicher Weise ein grundlegendes Gebot unserer freiheitlichen Grundordnung außer Acht lässt: die Gewährleistung von Chancengerechtigkeit für alle jungen Menschen.

Ich habe keine Kinder in schulpflichtigem Alter, bin kein Pädagoge und gehöre nicht zu jener Kaste verdienter Wissenschaftler, die uns – nicht anders als zu Fragen der Gesundheitspolitik – am Fernsehschirm mit ihren selbstgerechten Urteilen beglücken. Zwar geben sich die meisten von ihnen als unwiderlegbar aus, stehen aber leider zumeist in diametralem Widerspruch zu dem, was die entsprechende Konkurrenz mit gleicher Selbstgewissheit vor sich her trägt. Deswegen werde ich mich hier nicht darauf einlassen, eine Würdigung dessen zu versuchen, was ausnahmslos alle einschlägigen Parteiprogramme als Inhalt einer umfassenden Bildungspolitik anpreisen, indem sie »Mehr Bildung für alle« verheißen. Für diesen Verzicht hoffe ich umso eher auf Verständnis, als sich bisher alle diese Sprüche – einschließlich der Versprechen, trotz der drastischen Einsparungen, die durch die Verschuldung der öffentlichen Haushalte unvermeidlich geworden sind, die Bildungsausgaben spürbar zu erhöhen – eben immer wieder als schiere Scheinheiligkeit herausgestellt haben. Vielmehr greife ich zwei Teilaspekte heraus, bei denen ich mir einbilde, aus eigener unmittelbarer Einsicht begründen zu können, warum meine Wut inzwischen so stark angewachsen ist.

Der erste betrifft die Behandlung, die man den Kindern unserer eingewanderten Mitbürgerinnen und Mitbürgern, also den sogenannten Kindern mit Migrationshintergrund (ein ja schon sprachlich abscheulicher Begriff), im Rahmen unseres Schulsystems angedeihen lässt. Schlankweg ein Skandal ist es nämlich, welche Versäumnisse wir uns über Jahrzehnte hinweg geleistet haben. Sollte es nicht gelingen, durch entschlossenes Bemühen deren Folgen wenigstens einigermaßen einzugrenzen, könnte daraus bald eine ebenso grundlegende wie gefährliche Belastung unserer gesamten gesellschaftlichen Struktur erwachsen. Der Name dieses (hoffentlich unvergesslichen) Skandals: die Einwanderungs- und die Integrationspolitik, mit denen manche unserer politischen Parteien – ganz besonders diejenige, die sich unverändert in ihrem Namen auf das von ihr gepachtete Christentum beruft – über eine lange, eine allzu lange Wegstrecke hinweg ihr populistisches Schindluder getrieben haben.

Schließlich gehörte es zur täglichen Übung, zumindest durch die Blume alle diejenigen als Vaterlandsverräter zu denunzieren, die es wagten, auf die Notwendigkeit aufmerksam zu machen, endlich den Millionen von Menschen, die wir aus durchaus selbstsüchtigen

Motiven in unser Land gerufen hatten, das Recht auf vollgültige und gleichberechtigte Bürgerschaft einzuräumen. Nachdem – nicht etwa aus besserer Einsicht, sondern vor allem unter dem Druck der Verhältnisse – dafür eine wenigstens einigermaßen erträgliche Lösung gefunden wurde, dringen die gleichen Helden des Populismus jetzt darauf, dass sich die früher bei ihnen allenfalls geduldeten Menschen im Handumdrehen zu Bürgerinnen und Bürgern wandeln, die ihre heimischen Traditionen ersatzlos ablegen und stattdessen alle angeblich kerndeutschen Sitten – sie nennen es mit Vorliebe »die deutsche Leitkultur« – annehmen. Allesamt sollen sie perfekt Deutsch sprechen und ihre eigenen Kinder auf deren Weg durch das deutsche Schulsystem genauso vorbildlich begleiten, wie das bekanntlich allen deutschen Eltern ausnahmslos gelingt. Dass wir unverändert mit den Auswirkungen einer der schwersten wirtschaftlichen Krisen der Nachkriegszeit auf dem Arbeitsmarkt zu ringen haben, spielt dabei keine Rolle – mit der Folge, dass es sich offensichtlich empfiehlt, von den eigenen Versäumnissen abzulenken, indem man über die fehlenden sprachlichen Fähigkeiten der betreffenden Mütter klagt. Im Übrigen hat natürlich die Sorge um die Ausbildung der folgenden Generation und deren Zugang zu sinnvollen Arbeitsplätzen entsprechend urchristlicher bürgerlicher Tradition den jeweiligen Eltern selbst überlassen zu bleiben – wir als Steuerzahler jedenfalls wünschen damit nicht behelligt zu werden!

Angesichts der – oft genug durchaus bewundernswerten – Initiativen, die in diesem Zusammenhang inzwischen durch eine Vielzahl von Kommunen genau wie durch eine Reihe von zivilen Organisationen entwickelt werden, mag eine solche wertende Darstellung als einseitig oder gar zynisch empfunden werden. Es trifft ja auch durchaus zu, dass das Wort Integration überwiegend nicht mehr als blauäugige Spinnerei sogenannter Gutmenschen abgetan, sondern als bittere Notwendigkeit einer Sozialpolitik verstanden wird, die aus schierem Selbstinteresse auf Erfolg aus sein muss. Nicht weniger richtig ist der Hinweis auf die unzähligen Mitbürgerinnen und Mitbürger mit jenem Migrationshintergrund, die auf der Grundlage einer erstklassigen Ausbildung auf allen denkbaren Gebieten – ob in der Wirtschaft oder der öffentlichen Verwaltung, im Gesundheits- oder Rechtswesen, auf kulturellem Gebiet oder in den Medien – längst erfolgreich bei uns angekommen sind. Trotzdem: Wer sich jemals in den verarmten Vierteln unserer Städte und unter den Tausenden von Heranwachsenden umgesehen hat, die weder die deutsche Sprache ausreichend beherrschen noch auf ernsthaft positive Berufschancen in ihrem künftigen Leben hoffen dürfen, wird wissen, wie groß unsere gemeinsamen Anstrengungen noch sein müssen, wenn es in absehbarer Zukunft gelingen soll, diesen jungen Menschen wenigstens einigermaßen faire Chancen zu eröffnen, sich selbst ein lebenswertes Leben zu schaffen. Mit frommen Sprüchen wird das jedenfalls nicht gelingen – und es wird viel mehr öffentliches Geld kosten, als wir es bisher wahrhaben wollten.

Ob wir angesichts der bitteren Sparzwänge, die uns noch über Jahre hinweg belasten werden, wohl die Kraft aufbringen können, dieser Wahrheit ins Auge zu sehen? Wer seine Ohren offenhält, weiß ja doch, wie weitverbreitet nach wie vor die Zustimmung ist, mit der die einschlägige Heuchelei aufgenommen wird. Ich jedenfalls kenne die Beifallspender genau, manche von ihnen gehören zu meinen privaten Freunden. Es sind diejenigen, die nicht widersprechen, wenn die Rede auf den unausweichlichen Zwang kommt, in unser aller Interesse endlich das Thema der Integration wirklich voranzubringen – deren Gesicht jedoch deutlich anzusehen ist, was sie innerlich von solchem Gerede halten. Sie meinen nämlich genau zu wissen, dass es sich dabei in Wirklichkeit um die Anpassung von sozusagen »minderwertigen« Eigenheiten fremder Menschen handelt, die dank ihres bäuerischen Herkommens und ihrer islamischen Traditionen nun einmal anders sind als »wir« (sprich: als sie selbst). Entsprechend schnell sind sie dann auch mit dem Urteil zur Stelle, die ihnen aus Pressemeldungen bekannten Folgen der (leider) staatlich zugelassenen »Grillfeste« im Berliner Tiergarten seien eine einzige Schweinerei, die endlich strengstens verfolgt werden müsse – denn diese unterschieden sich nun einmal grundsätzlich von der zwar beklagenswerten, aber keineswegs typisch deutschen Verunreinigung von Straßen und öffentlichen Plätzen durch weggeworfene Blechflaschen, Plastikbecher, Papierabfälle aller Art und Kaugummis, die sich im Zuge der Verwahrlosung aller Sitten inzwischen leider, leider auch die eigenen Abkömmlinge angewöhnt haben.

Der Beifall, der den Ergüssen des Herrn Sarrazin allenthalben entgegengeschlagen ist, spricht insofern durchaus für sich. Dass noch ein ganzer Berg ungelöster Aufgaben vor uns liegt, bevor von einem fruchtbaren Zusammenleben mit allen zugewanderten Menschen gesprochen werden kann, ist offensichtlich. Wer freilich meint, die Mehrzahl von ihnen von vornherein als ungeeignet abqualifizieren zu können, muss entweder selbst eher einfältig sein – oder es handelt sich um je-

manden, der seine eigenen Misserfolge durch populisti-
sche Maskeraden übertünchen möchte.

In keiner Weise weniger heftig als auf dem Gebiet
wirklich ernstzunehmender Integrationspolitik – die
nun wahrlich nicht mit dem Versuch einer Assimilation
verwechselt werden darf (obwohl der türkische Ministerpräsidenten Erdogan dies vor einiger Zeit mit gleichfalls bemerkenswerter heuchlerischer Meisterschaft,
nämlich zu eigenen Wahlkampfzwecken, unterstellt
hat) – wird unser Zornesausbruch ausfallen müssen,
wenn wir einen zweiten Teilaspekt der Bildungspolitik
ins Auge fassen. Er hat das Land vor wenigen Jahren
wie eine Seuche befallen, und seine Folgen werden uns
noch lange beschäftigen. Die Rede ist von der grundlegenden Umstellung der Ausbildungsgänge an den
öffentlichen und privaten Hochschulen, die unter dem
Stichwort Bologna bekannt – und leider auch berüch-
tigt – geworden ist. Dabei tritt eine merkwürdige Eigenheit zutage, die nicht selten mit gelungener Heuchelei
einherzugehen pflegt: Nicht wenige der an der Reform
Beteiligten dürften anfänglich durchaus gutgläubig
gewesen sein, hatte man ihnen doch eine beträchtliche
Menge treuherzigen Wunschdenkens, ja eine gehörige
Portion Selbsttäuschung eingeträufelt.

Von der Ausbildung junger Menschen für eine Tätigkeit bei Unternehmensberatungen, Industrieunternehmen oder Finanzinstituten war in anderem Zusammenhang schon die Rede. Bereits seit langem hat sich der
Schwerpunkt dieser Ausbildung von der früher überwiegend theoretischen Ausrichtung hin zur praktischen
Anwendbarkeit verlagert. Zumindest trifft das für die
Betriebswirtschaft und jedenfalls teilweise auch die
Volkswirtschaft zu (während sich die juristische Aus-

bildung im Verlauf des eigentlichen Studiums noch immer weitgehend auf die Vermittlung von abstraktem Wissen beschränkt). Das war und bleibt grundsätzlich schon deswegen unausweichlich, ja zwingend, weil die Zahl der Studierenden im Vergleich zu früheren Zeiten um ein Vielfaches zugenommen hat. Niemand konnte deswegen ernstlich davon ausgehen, dass sich die Absolventinnen und Absolventen allesamt während ihres zukünftigen Lebens überwiegend wissenschaftlichen Aufgaben widmen könnten. Mit anderen Worten: Ob man sich darüber freut oder nicht, es ist ganz einfach unmöglich, dass das alte Humboldt'sche Ideal, das die Universitäten als untrennbare Gemeinschaft von Forschenden und Lernenden verstand, unverändert fortbestehen kann, wenn – wie mit guten Gründen allgemein erwünscht – 30 oder gar 40 Prozent eines jeden Jahrgangs studieren sollen.

So weit, so gut. Der Weg, der zu einer stärkeren Praxisausrichtung und gleichzeitig zu einer deutlichen Aufteilung zwischen der in der ersten Stufe vorrangig praktischen Ausbildung zum Bachelor und einer dann nur noch für eine begrenzte Anzahl von Studierenden zugänglichen Stufe der vorwiegend wissenschaftlich ausgerichteten Ausbildung zum Master führen sollte, ist also keineswegs von Grund auf falsch. Das Ziel wurde trotzdem zumindest im ersten Ansatz hoffnungslos verfehlt. Folglich sind die Verantwortlichen in der Bundesregierung, den Ländern und den Hochschulen bis heute unablässig damit beschäftigt, das von ihnen verursachte Chaos entweder ganz zu leugnen oder sich gegenseitig die Schuld dafür zuzuschieben. Das ändert allerdings nicht das Geringste daran, dass die immer mehr durch Globalisierung gekennzeichnete Wirtschaftswelt ganz einfach internationale Ausbildungsabschlüsse erzwingt, die wenigstens einigermaßen miteinander vergleichbar sind. Ganz besonders gilt das für das kleingliedrige Europa, das sich vor dem Hintergrund der globalen Entwicklung gewiss nicht eine Unzahl verschiedener Qualifikationen leisten kann. Aus dieser Erkenntnis heraus haben die Mitgliedsländer der Europäischen Union übereinstimmend beschlossen, ihre Studienabschlüsse im Rahmen einer zeitlich befristeten Durchführung stufenweise aneinander anzupassen. Dies war die Geburtsstunde des besagten Bologna-Prozesses. Die Studiengänge Bachelor und Master zählen dazu – und sollen eben dazu dienen, dass die entsprechenden Abschlüsse nicht nur innerhalb Europas, sondern weltweit vergleichbar sind.

Ich erinnere mich nur an ganz wenige Ausnahmen, wenn ich an die Begeisterung zurückdenke, mit der die geplante Umstellung an den betriebs- und volkswirtschaftlichen Hochschulen aufgenommen wurde. An anderen Fakultäten mag dies anders gewesen sein, mögen mit größerer Lautstärke gewisse grundlegende Bedenken ins Feld geführt worden sein. Das Lehrpersonal an den wirtschaftlich ausgerichteten Fakultäten hingegen klatschte so laut Beifall, dass selbst der schüchternste Versuch, Mahnungen zur Vorsicht anzubringen, schnellstens als Angst der Ewiggestrigen vor unliebsamen Veränderungen vom Tisch gewischt wurde. Schließlich hatten die Amerikaner uns doch nach dem Zusammenbruch des sowjetischen Systems so überzeugend die Überlegenheit einer rein marktwirtschaftlich ausgerichteten Unternehmenswirtschaft vorgeführt, dass damit zugleich auch die Überlegenheit ihrer Ausbildungswege erwiesen war. Konnte es da überhaupt noch eine andere Parole geben als »Ihnen nach!«?

Dies hatte zudem durchaus angenehme Nebenwirkungen. Die erste Ausbildungsstufe wurde nun in einzelne Unterabschnitte aufgeteilt, Module genannt, deren Ergebnisse jeweils Semester um Semester abgefragt, geprüft und mit Punkten, Credit-Points, belegt werden konnten. Das hatte den Vorteil, dass sich die jeweiligen Damen und Herren Professoren verstärkt darauf verlassen konnten, ihre jeweilige Lehrtätigkeit des Öfteren einmal an Mitarbeiterinnen und Mitarbeiter zu delegieren. Die sozusagen übergeordnete Verantwortung blieb ja trotzdem in ihrer Hand, ließ ihnen aber nun endlich vermehrt zeitliche Spielräume, um die Förderung ihrer eigenen Anliegen durch Forschungsaufträge von privater Seite, genannt Sponsoring, voranzutreiben. So vermischte sich das Angenehme mit dem Nützlichen – und die Einkommen der Hochschullehrer erreichten endlich eine Dimension, die ein sorgenfreieres Lebens zuließ, als es früher den armen Hungerleidern an den Universitäten beschieden zu sein pflegte.

Spätestens seit dem Herbst 2009 glichen die Zustände an den meisten Universitäten nur noch einem Scherbenhaufen. Die angeblich zu erwartende Zunahme der Mobilität bei den Studierenden: Sie hatte deutlich abgenommen. Die Abbrecherquoten, die drastisch rückläufig sein sollten: Nach wie vor stagnierten sie auf gleicher Höhe. Die verbesserte Berufsqualifikation: Die Unternehmen blieben eher skeptisch. Eingetreten ist hingegen anstelle der behaupteten Vereinfachung der bürokratischen Abläufe innerhalb der Hochschulen eine überbordende Reglementierung. Mit deren Hilfe sollen die jeweiligen Verwaltungen instand gesetzt werden, den Umgang mit der Modularisierung und den Credit-Points überhaupt bewältigen zu können. Und zu alledem gesellte sich dann noch ein ganzer Wasserkopf an Behörden und Agenturen hinzu, die sich mit Fragen der Evaluierung und Akkreditierung befassen. Darüber hinaus hatte man nun endlich eine Lösung für das Problem gefunden, wie das geneigte internationale Umfeld darüber hinwegzutäuschen war, dass sich hinter dem uralten deutschen Qualitätsbegriff der Universität inzwischen auch etwas ganz anderes verbergen konnte: Man gestand den Fachhochschulen ganz einfach das Recht zu, sich »University of Applied Sciences« zu nennen.

Schaut man genauer hin, ist eine Schlussfolgerung unvermeidlich. Sie lautet, dass die seitdem an nahezu allen Hochschulen des Landes explodierende Wut der Studierenden in jeder Hinsicht berechtigt ist. Die durchaus richtigen Ansätze der gesamten Reform sind zunächst an dem rundum verfehlten Versuch gescheitert, sie allein dem Ziel der wirtschaftlichen Rationalisierung zu unterwerfen. Doch genau das war eben weit mehr als nur Wunschdenken oder fromme Selbsttäuschung – nein, nur schiere Heuchelei konnte es möglich machen, einer breiten Öffentlichkeit erfolgreich vorzugaukeln, dass es gelingen werde, die europäischen Bildungsstrukturen mit ihren lange eingewurzelten geistigen und sozialen Traditionen binnen kürzester Zeit auf ein gänzlich anders gewachsenes amerikanisches Modell umzustellen. Inzwischen bleibt nur noch die Hoffnung, dass den übrigen Hochschulbereichen, in denen (mit Ausnahme der Medizin und der Rechtswissenschaften) die Umstellung gleichfalls unwiderruflich in Gang gesetzt worden ist, ähnliche Auswirkungen erspart bleiben. Das gilt besonders für das große Gebiet der Geisteswissenschaften. Allesamt unterliegen sie ohnehin einem verstärkten Druck der Ökonomisierung, ja des Rotstifts. Dabei scheren sich die regelmäßig ganz bewusst im Stillen wirkenden Spardogmatiker kaum je darum, dass die herausragende schöpferische Kraft der europäischen Kulturen seit jeher zu einem erheblichen Teil durch die gegenseitige Befruchtung von naturwissenschaftlichem und geisteswissenschaftlichem Denken begründet gewesen ist.

Im Zusammenhang mit unserem Blick auf die Kapriolen der Finanzindustrie haben wir schon vermerkt, dass derweilen Lehrstühle für die unglaublichsten Zweigbereiche der Wirtschaft wie Pilze aus dem Boden schießen. Überwiegend dienen sie der Einrichtung neuer Masterstudiengänge. Ich zitiere nur wenige Beispiele, die ich beliebig aus den Stellenanzeigen einer bekannten Wochenzeitung entnommen habe: »Master in Familiy Business and Entrepeneurship«, »Professor for Design of Software Interfaces«, »Professor für Betriebswirtschaft der Lebensmittel«, »Master of Export Orientated Management«, »Professor für Kultur- und Freizeitmanagement«, »Studium der Dynamik und Nachhaltigkeit in Management und Consulting«, »Professor für Liegenschaftskataster«, »Master für Gefahrenidentifizierung« – und natürlich, wie könnte es in Zeiten des allgemeinen Umbruchs schon anders sein: »Change Management« mit lauter Absolventinnen und Absolventen, die genau wissen, wie man die Dinge – oder gleich das ganze Leben? – »wandelt«.

Ob sich wohl je irgendjemand den Spaß gemacht hat, zu versuchen, alle diese wunderbaren Bezeichnungen ins Deutsche zu übersetzen? Master und Bachelor, das mag ja – in Anklang an ehrwürdige deutsche Handwerkstraditionen – als Meister und Geselle noch angehen, wenn man bedenkt, dass es letzten Endes um die internationale Vergleichbarkeit von Studienabschlüssen geht. Aber »Meister in der Leitung von Familienunternehmen«? »Meister des Wandels«? »Meister des Kultur- und Freizeitmanagements«? Könnte es sich nicht vielleicht doch empfehlen, hie und da darüber nachzudenken, ob man sich selbst womöglich damit lächerlich macht? Mehr als das, ob man sich nicht versündigt, jungen Menschen in der Regel sehr viel Geld für eine Ausbildung abzuknöpfen, die bei ihrer späteren Berufssuche eigentlich nur ein mitleidiges Lächeln hervorrufen kann? Denn ob die sogenannten *personal skills*, deren Erwerb angeblich mit solchen Studiengängen verbunden sein soll, wirklich so unbesehen Beifall – oder gar Bewunderung – bei den möglichen Arbeitgebern auslösen werden? Ich weiß ja nicht.

Dabei will ich gern gestehen, dass mich manchmal ein sehr, sehr altmodisch klingender Wunschgedanke beschleicht. Er läuft auf die Frage hinaus, ob es nicht verdienstvoller sein könnte, anstelle von heuchlerisch angepriesenen Zukunftschancen ein wenig mehr von dem anzubieten, was früher einmal als Allgemeinbildung bezeichnet wurde. Jedenfalls ist das mein mehr als deutlicher Eindruck aus vielen Gesprächen mit Menschen, die den jüngeren Generationen angehören. Nahezu furchterregend begegnet er einem wöchentlich in der Fernsehshow »Wer wird Millionär« mit Günther Jauch, wenn die Ratlosigkeit von Kandidaten immer wieder zu der Schlussfolgerung zwingt, dass die sintflutartige Überfütterung mit Detailwissen durch das Internet inzwischen selbst die primitivsten Kenntnisse geschichtlicher oder kultureller Zusammenhänge in den Hintergrund drängt.

Stefan Bonner und Anne Weiss haben vor nicht all-

zu langer Zeit den Begriff der »Generation Doof« geprägt. Ich fürchte: zu Recht. Die vielfachen Beispiele,
die sie in ihrem gleichnamigen Buch anführen, sprechen
jedenfalls eine nicht weniger deutliche Sprache als jene
Unterhaltung zwischen zwei erkennbar gutsituierten
jungen Amerikanern über den Terroranschlag vom
11. September 2001 auf das World Trade Center in
New York, die Susan Jacoby, Trägerin des Pulitzer-Prei-
ses, tatsächlich belauscht hat – und die sich sinngemäß
jeden Tag bei uns wiederholen könnte:

»Der 11. September – genau wie Pearl Harbor.«

»Pearl Harbor – was war denn das?«

»Das war, als die Vietnamesen Bomben auf uns abge-
worfen haben und damit den Vietnam-Krieg auslösten.«

Alles in allem scheint mir bereits bei einem solchen
eher oberflächlichen Blick auf den Zustand unseres
Bildungssystems eine Schlussfolgerung unausweichlich:
Auch auf diesem Gebiet wird es Geld, viel Geld kosten,
wenn wir weiterhin den Anforderungen, ja den Zwän-
gen der modernen Zeit gerecht werden und den Menschen wenigstens einigermaßen gleiche Chancen für ihr
weiteres Leben eröffnen wollen. Dieses Geld liegt nicht
auf der Straße. Es wird – wie wir allesamt inzwischen
wissen – an anderer Stelle eingespart werden müssen.
Das aber wird nur gelingen, wenn wir den Mut aufbringen, machtvolle Interessen in ihre Schranken zu
weisen. Nicht zuletzt setzt dies das klare Eingeständnis
voraus, dass es höchste Zeit ist, damit aufzuhören, wie
die Blinden und Schwerhörigen einer Monstranz hinter-
herzulaufen. Gegen besseres Wissen und mit wunderbar
scheinheiliger Miene wird sie noch von allzu vielen vor
sich her getragen und jeglicher Zweifel an ihrer Heilig-

keit sofort als Teufelswerk angeprangert: die föderale Struktur der Bundesrepublik Deutschland und die angeblich dafür lebensnotwendige Kulturhoheit der Bundesländer.

Ich bin der Letzte, der darüber belehrt werden müsste, dass die Lebenskraft unseres demokratischen Staatswesens eng mit seiner Nähe zu den Bürgerinnen und Bürgern zusammenhängt. Jeglicher Versuch, die lokalen sprachlichen und kulturellen Traditionen der Menschen, die in ihren Gemeinden und Regionen aufgewachsen sind und womöglich weiter dort leben, durch ebenso unsinnige wie unnötige Gleichmacherei einzuebnen, würde mit Sicherheit zu nichts anderem als einer gefährlichen Schwächung führen. Das gilt nicht nur für die Bundesrepublik selbst, es gilt genauso für die gesamte Europäische Union. Daraus folgt freilich noch lange nicht, dass – wie es vielerorts immer noch zum Ritual gehört – wir gut beraten sind, einfach die Augen vor der nun einmal unausweichlichen Notwendigkeit zu verschließen, uns auf eine rapide wandelnde Umwelt einzustellen. Dabei weiß die große Mehrzahl unserer Mitbürgerinnen und Mitbürger ganz genau, dass eine übertriebene Rücksichtnahme auf regionale Interessen der Gesamtgesellschaft mehr schadet als nutzt – und ebenso gut wissen es nahezu alle diejenigen, die in der Politik, im Bildungswesen oder der Kulturpolitik Verantwortung tragen.

Bekanntlich hat deswegen auch kein Mitglied einer Bundesregierung irgendwelche ernsthaften Hemmungen, zentrale Förderprogramme für die Lehr- und Forschungstätigkeit von Universitäten oder auch die bereits seit langem zwingende Einführung einer zentral abgestimmten Abiturprüfung zu fordern. Gleichzeitig rufen aber alle laut Feuer, sobald jemand anderes es wagt, auf die Gefahr hinzuweisen, dass wir uns womöglich selbst erwürgen könnten, wenn wir ausnahmslos und allüberall an jener Schildbürgerei namens Kulturhoheit der Länder festhalten. Unser Grundgesetz – genauso wie die ständige Rechtsprechung des Bundesverfassungsgerichts – ließe übrigens davon abweichende Regelungen ohne weiteres zu: freilich nur unter der Voraussetzung, dass ausreichende Mehrheiten in Bundestag und Bundesrat den Mut aufbringen, dem Chor der bisher so erfolgreichen Hüter eigener Kirchturmsinteressen endlich offen Einhalt zu gebieten.

Nicht weniger sichtbar als auf dem weiten Feld der Bildungspolitik finden sich denn auch in unserem sogenannten Kulturbetrieb jede beliebige Menge von weiteren Beispielen dafür, wie mittels geschickter Heuchelei versucht wird, uns Sand in die Augen zu streuen. Auf sie werde ich später noch eingehen. Die Gelegenheit scheint einfach zu verlockend, sich damit an der Vielzahl von Problemen vorbeizumogeln, die nun fraglos tatsächlich mit den Folgen der vielberufenen Globalisierung zusammenhängen. Die durch den fabelhaften Jesuiten Baltasar Gracian im 17. Jahrhundert in seinem »Handorakel« so beredt gelobte Kunst der *dissimulatio*, der Verstellung: Bis heute gibt es kein besseres Mittel als jene Scheinheiligkeit, wenn es darum geht, mit Hilfe einer Art neuen Märchens die besorgniserregende Wahrheit zu verdrängen und gleichzeitig die jeweiligen eigenen Taschen zu füllen.

Auf den ersten Blick mag dieser Verdacht eher erstaunlich klingen. Denn unleugbar führt der Prozess der Globalisierung tatsächlich zu einer weltweiten Öffnung des Zugangs zu Informationen jeglicher Art.

Zwar mag es gerade noch gelingen, das Internet vermittels staatlicher Verschlüsselung wenigstens für eine gewisse Zeit nach außen abzuschotten – doch eben nur so lange, bis findige Geister Wege gefunden haben, wie man die Abriegelung austricksen kann. Hinzu kommt, dass selbst die in der Volksrepublik China regierenden Kommunisten (trotz ihrer panischen Angst vor den Aktivitäten der Firma Google) längst begriffen haben, warum beispielsweise die Portugiesen im Laufe des 16. Jahrhunderts fast zwangsläufig ihre bis dahin unangefochtene Stellung als Weltmacht verlieren mussten: weil sie durch störrisches Beharren auf den Dogmen der katholischen Kirche zum Schluss jegliche Fähigkeit zur schöpferischen Kreativität einbüßten und daraufhin nicht mehr im weltweiten wirtschaftlichen Wettbewerb mithalten konnten. Unausweichlich stellt sich also die Frage, welche Wirkungsmacht eigentlich in einer Zeit, die den Menschen ungestörten Zugang zu jeglichen Informationen und damit zum Wissen ermöglicht, gerade auf dem doch eigentlich seit jeher durch Offenheit gekennzeichneten Gebiet der Kultur jener Kunst der *dissimulatio* – oder scheinheiligen Heuchelei – zur Blüte verhilft. Schauen wir genauer hin, dürfte freilich die Antwort kaum schwerfallen. Sie liegt vollends auf der Hand, wenn wir uns darauf besinnen, welchen Erkenntniswert die vielberufene Offenheit und der damit verbundene Zugang zu Informationen und Wissen tatsächlich mit sich bringen.

Gewiss war das Internet bei seiner ursprünglichen Einrichtung während der sechziger und siebziger Jahre des vorigen Jahrhunderts nur dazu gedacht, eine weltweit enge Vernetzung wissenschaftlichen Wissens und die auf seine Mehrung gerichtete Forschung zu fördern. Längst dient es jedoch diesem Ziel allenfalls an sehr untergeordneter Stelle. Rundum kommerzialisiert, ist es zum einzigartigen Instrument für wirtschaftliche Erwerbstätigkeiten aller Art geworden. Kaum noch jemand dürfte deren ganze Fülle überschauen können. Die Folgen liegen klar zutage, wenn man sich die Untersuchungen ansieht, die sich mit täglichen Gewohnheiten der Menschen bei der Anwendung von Computern befassen. Selbst im Durchschnitt geht es dabei um eine Vielzahl von Stunden (die sich umgekehrt proportional zu der Anzahl von Stunden vermehren, die mit der Lektüre von Büchern verbracht werden). Und wer solchen Statistiken nur wenig Glauben schenken möchte, der oder dem sei empfohlen, bei einer Fahrt mit dem Zug oder im Warteraum des Flughafens einmal einen schüchternen Blick auf die aufgeklappten Bildschirme der PCs zu wagen: Schnell wird man bestätigt finden, dass es weit überwiegend um die Abfrage von Belanglosigkeiten, den Austausch mit Partnern oder um die Beschäftigung mit Spielen geht.

Anders ausgedrückt: Bedachtsamkeit und Muße sind nicht mehr gefragt, mit ruhiger Durchdringung oder gar Abwägung des Informationsgehalts, ja der Einordnung der einzelnen Happen in ein System wirklichen Wissens hat das alles nicht mehr das Geringste zu tun. Vielmehr schlägt sich wie in einem Brennglas darin etwas nieder, was unser neues Zeitalter – und um nichts anderes geht es! – von Grund auf charakterisieren dürfte: das immer stärker um sich greifende Gefühl, keine Zeit mehr zu haben, ja, von der Hektik des Tages schier erdrückt zu werden. Kultur – auch sie degeneriert zunehmend zur reinen Ware, deren Wert sich an ihrer Aktualität ausrichtet, während jegliche Trennung von privater und öffentlicher Sphäre dahinschwindet.

»myspace«, »YouTube«, »facebook«, »studiVZ« oder »twitter«: Belegen solche Dienste nicht zur Genüge, dass im Netz nichts mehr privat ist? Verheißen sie nicht uferlose Geselligkeit? Bricht sich nicht gleichzeitig eine Einstellung Bahn, die das individuelle Erleben von Kultur (und nicht zuletzt von Kunst) ersetzt durch die Teilnahme an Massenveranstaltungen, an Events? Könnte es nicht sein, dass auf diese Weise eine neue, wenn auch recht merkwürdige Art von weltweiter Kultur entsteht – während das alte, das traditionelle, das europäische Kulturverständnis einschließlich der Wertvorstellungen, die ihm einstmals zugrunde lagen, nur noch als Reservat einer immer kleiner werdenden Elite zusammenschrumpft oder gar dem sicheren Untergang geweiht ist? Und siehe da: Auf einmal entsteht wieder mehr Platz, noch viel mehr Platz für die Verführungen der Heuchelei.

Natürlich wäre jetzt nichts leichter, als die Programme der fabelhaften privaten Fernsehanstalten als Beweis für eine solche Behauptung ins Feld zu führen. Doch das ist gar nicht nötig. Es reicht vollauf, wenn wir uns auf die Sendungen des öffentlich-rechtlichen Fernsehens beschränken. Deren kulturelle, soziale, wirtschaftliche und politische Seriosität ist ja bekanntlich durch den Gesetzgeber gewährleistet. Ebenso eindrucksvoll wie überzeugend belegen das zum Beispiel die wöchentlichen Talkshows (unter welchem Moderatorennamen auch immer sie laufen mögen). Mit schöner Regelmäßigkeit werden dort nicht nur Politiker, sondern Unternehmer, Künstler, Gewerkschaftler, Arbeitslose, Wissenschaftler oder Kirchenleute zu einem einzigen Zweck vorgeführt: um die staunenden Zuschauerinnen und Zuschauer zu »unterhalten«. Was die Betroffenen dabei im Einzelnen zu sagen haben, zählt allenfalls in zweiter Linie – die sachliche Auseinandersetzung, die Aufhellung wirklicher Zusammenhänge, ein demokratischer Diskussionsstil, das alles hat zurückzutreten gegenüber dem angeblichen Zwang, Einschaltquoten zu erzielen, die wiederum benötigt werden, um genügend Werbeeinschaltungen akquirieren und damit zusätzliche Geldquellen erschließen zu können. »Tatort« ohne Ende am Abend, Telenovela am Nachmittag: So lauten die Stichworte, mit denen die Programmverantwortlichen versuchen, ihren Kotau vor der Werbe- und der Entertainment-Industrie zu machen. Ohne unzulässige Übertreibung dürfte es deswegen höchste Zeit sein, einer immer deutlicher werdenden Gefahr ins Auge zu schauen – der Gefahr, dass uns aus Angst vor dem befürchteten Verlust von Werbeeinnahmen zunehmend Schwachsinn dargeboten wird.

Zu besichtigen ist das Ergebnis jener hanebüchenen Behauptung, wonach der Wettbewerb mit einem kommerziellen Fernsehen im Interesse des Publikums zu einer allseitigen Qualitätssteigerung führen werde. Es waren nicht wenige Spitzenpolitiker der unterschiedlichsten politischen Couleur, die sich vollmundig auf diesen Unsinn berufen haben, um sich seinerzeit mit der Verve der Besserwisserei für die Zulassung privater Fernsehgesellschaften einzusetzen. Inzwischen wissen wir, dass blindwütige Privatisierung nicht nur auf diesem Gebiet in die Katastrophe führen kann. Beispielgebend deutlich geworden ist das durch einen veritablen Skandal, den einige blindwütige Bewunderer amerikanischer Vorbilder im Bereich der öffentlichen Versorgung aus durchaus vergleichbaren Motiven inszeniert haben: die Aushändigung der kommunalen Wasserversorgung an private Investoren mit allen ihren inzwischen für jedermann zutage liegenden Folgen. Zunehmend ähnlich wird sich übrigens die Entwicklung im Bereich der Postversorgung gestalten – von der glorreichen Privatisierung der Bahn ganz zu schweigen.

Eigentlich stehen die öffentlich-rechtlichen Anstalten doch wohl in einer Pflicht, die es allein zu begründen vermag, warum es überhaupt zu den Aufgaben des Staates gehört, die Bevölkerung mit Rundfunk- und Fernsehprogrammen zu versorgen. Sie nannte sich – wer erinnert sich schon heute noch an den Begriff? – Bildungsauftrag. Doch wer von den Verantwortlichen könnte sich heute noch ernsthaft dazu bekennen, ohne sich ganz oben auf der Siegertreppe des Wettstreits um die Meisterschaft in unverfrorener Heuchelei wiederzufinden? Verkommen ist der hehre Anspruch vielmehr zu kaum mehr als zu billigem Starkult unter der eisernen Fuchtel einer Eventindustrie, die täglich stärker den Eindruck erweckt, dass sie demnächst vor nichts mehr zurückschrecken wird.

So sind es denn auch längst nicht nur die Spitzenpolitiker, die sich in ihr Korsett haben hineinpressen lassen. Genau dasselbe gilt für nicht wenige sattsam bekannte Spitzenmanager, die offensichtlich kaum noch ihrer Sucht nach Allgegenwart zu entfliehen vermögen. Weit mehr als das: Inzwischen scheint die Seuche fast ausnahmslos alle Bereiche unserer Gesellschaft befallen zu haben. Selbst die Welt der Wissenschaft, zu deren Eigenheiten früher einmal Bescheidenheit und Verzicht auf veröffentlichte Eitelkeit zu zählen pflegten, hat begonnen, willig das Spiel mitzuspielen: Neueste Forschungen, und seien sie in ihrer Aussage und ihren

Ergebnissen noch so unsicher, gehören so schnell wie möglich auf den Jahrmarkt der Schlagzeilen, denn wessen Name nur Eingeweihten bekannt ist, die oder der kann nach Meinung der Medien auch offensichtlich nichts Besonderes geleistet haben.

Was wir erleben, läuft im Kern auf einen rapide fortschreitenden Zwang zur Offenlegung des Privaten hinaus. Das gilt für nahezu alles, was man bisher unter Kultur verstanden hat. Niemand denkt sich heutzutage noch etwas dabei, wenn ganz selbstverständlich vom Kulturbetrieb gesprochen wird. Dabei missachtet der Begriff doch ganz offensichtlich alle diejenigen, die eigentlich das gesellschaftliche Leben kreativ befruchten und voranbringen, anstatt sich einschränkungslos der Macht derjenigen auszuliefern, die als Vermittler von Öffentlichkeit, als Macher von »Public Relations« unterwegs sind. »Das höchste (...) Gut, welches auf dem Kulturmarkt zu haben ist, ist der Ruhm. Ihn zu feiern, zu steigern, kurzum: zu ›generieren‹, ist eines der erhabensten Ziele (...) des Kulturbetriebs« – so hat es kürzlich ein kluger Zeitungskommentator mit deutlich erkennbarer Abscheu umschrieben. Erfasst von der Welle von Heuchelei, auf der die neuen Ritter dieses Kulturbetriebes reiten, sind sie bereits alle: die Theater, die Museen, die bildenden Künste.

Wenn es um die Verantwortung für die katastrophale Entwicklung geht, die sich damit abzeichnet, müssen wir freilich, wie ich denke, noch einmal deutlich unterscheiden. Auf der einen Seite geht es nämlich um diejenigen, denen bisher die staatlichen oder kommunalen Theater, Opernhäuser und Museen anvertraut waren, also um Politikerinnen und Politiker, denen wir alle gemeinsam öffentliche Ämter übertragen haben. Auf dem weiten

Gebiet der bildenden Künste hingegen haben wir es vornehmlich mit Menschen zu tun, denen schon bisher niemand den Anspruch bestritten hat, private Interessen zu verfolgen. Genau deswegen aber ist wohl an dieser Stelle Verzicht auf weitere Kritik am Platze: Ein ernsthaft gemeintes Eingehen auf die Welt der Bühnen und Museen müsste den Rahmen dieses Buches sprengen.

Nicht zuletzt würden wir nämlich dann kaum daran vorbeikommen, uns eingehend mit den – noch dazu in den einzelnen Ländern durchaus unterschiedlichen – geschichtlichen Traditionen und den ihnen zugrunde liegenden sozialen, wirtschaftlichen und politischen Umständen zu befassen, die sich in den heutigen Strukturen niederschlagen. Weiterhin müssten wir uns auch sorgfältig mit dem umstrittenen Verhältnis zwischen öffentlichen, über lange Strecken hoheitlichen Ansprüchen und privaten Interessen beschäftigen, das seit jeher die kulturelle Entwicklung geprägt hat. Und natürlich müssten wir versuchen, die vielfältigen, ach so menschlichen Eigenheiten wie Gier, Geltungsbedürfnis, Eitelkeit und Heuchelei in diesen Kontext einzuordnen. Denn sie hatten zwar in wandelnder Stärke, aber doch über die ganze Wegstrecke hinweg regelmäßig entscheidenden Einfluss darauf, was – und wie es – auf den Bühnen gezeigt und was – und warum es – in den Museen gesammelt wurde. Lassen Sie uns also darauf beschränken, nur für ein paar kurze Augenblicke nachzuschauen, was die allgemeinen Tendenzen unserer Zeit beispielsweise auf dem Gebiet der bildenden Künste anrichten. Ich fürchte, wir werden staunen, wie glockenhell auch dort die Stunde scheinheiliger Heuchelei geschlagen hat.

Einen Kunstmarkt gibt es seit Menschengedenken.

Auf ihm werden Werke aller Art ver- und gekauft. Ich vermute, dass es dabei schon immer ähnlich zugegangen ist wie auf einem orientalischen Basar. Wer als Käufer nicht versucht, den Preis, der zunächst einmal gefordert wird, deutlich herunterzudrücken, wird auf die Dauer genauso wenig ernst genommen wie ein Verkäufer, der gleich zu Anfang den Preis anbietet, den er zum Schluss wirklich erzielen will. Nicht anders spielen sich bis heute die Gespräche zwischen den Kunstgalerien und denjenigen ab, die zu ihnen kommen, um sich für den Erwerb alter oder neuer Kunstwerke zu interessieren. Heuchelei gehört ganz selbstverständlich seit jeher zum Handwerk aller Beteiligten. Die einen müssen vorspiegeln, dass sie eigentlich nur ein recht mäßiges Interesse an der betreffenden Arbeit haben, die anderen, dass unzählige weitere Käufer bereits Schlange stehen. Gerade damit wird aber bereits deutlich, dass es sich in Wirklichkeit nicht um echte Heuchelei handelt, jedenfalls nicht um Heuchelei in dem Sinne, in dem wir bisher von ihr gesprochen haben: Ausnahmslos alle Akteure wissen nämlich von vornherein, dass sie in Wirklichkeit nur Mitwirkende in einer Art Gesellschaftsspiel sind. Im traditionellen Basar geht das ja sogar so weit, dass es nahezu als Beleidigung aufgefasst wird, wenn man sich nicht an die Regeln hält – und als Ergebnis langjähriger eigener Erfahrungen habe ich den Verdacht, dass nicht wenige der führenden Galeriebesitzer in aller Welt ähnlich empfinden würden.

Das alles ist freilich seit dem Ende des Kalten Krieges und dem Durchbruch zum allgegenwärtigen Kapitalismus von neuen Umgangsformen abgelöst worden, also weitgehend Schnee von gestern. Eine neue Welt scheint auch insofern angebrochen: eine Welt, in der sich hinter einem vorgetäuschten Schein von Interesse an Kultur das nackte Scheckbuch und ein gewissenloser Erwerbssinn verbergen. Und damit ist denn auch dieses Feld menschlichen Strebens endlich in den richtigen Händen gelandet. Gewiss gab es zu allen Zeiten großmächtige Fürsten oder reiche Kaufleute, deren Hintergedanken beim Erwerb von Werken der bildenden Künste vornehmlich auf die Mehrung des eigenen Ruhms ausgerichtet waren. Zu diesem Zweck gaben sie bei namhaften Künstlern ihrer Zeit Arbeiten in Auftrag oder kauften sie bei diesen an. Das war seit der Renaissance in ganz Europa der Fall und hat sich bis in unsere Zeit fortgesetzt. Was sich inzwischen auf den Kunstmärkten abspielt, hat freilich damit allenfalls noch den äußeren Anschein gemein. Zumindest in weiten Teilen sind sie zu Veranstaltungen degeneriert, auf denen eine ebenso geschmack- wie gewissenlose Zockerei das alleinige Szepter schwingt – kaum noch zu unterscheiden von einem schwunghaften Handel mit beliebigen anderen Wertgegenständen an den Börsen der Welt. Zugleich ist der früher einmal ehrenhafte Galeristenberuf zum Tummelplatz von Vermittlern geworden, die sich allenfalls noch mit der traditionellen Berufsbezeichnung schmücken. Nicht selten ziert ihre Visitenkarten aber bereits der Begriff des »Kunstberaters«.

Natürlich: Es gibt auch weiterhin unzählige Persönlichkeiten, die sich durch ihre Sammlertätigkeit mit unbeirrbarem Sachverstand und größter Hingabe um die zeitgenössische Kunst bemühen. Und es gibt auch weiterhin Galeristen und Kunsthändler, die sich unter Einsatz ihrer Zeit und mit regelmäßig nicht geringem materiellen Risiko als ernsthafte Partner der jungen Künstlerinnen und Künstler – und nicht als deren Ausbeuter – verstehen. Und genauso natürlich: Auch weiterhin gibt es Museumsleiter, die sich von ihrem Verantwortungsbewusstsein gegenüber dem Gemeinwesen und nicht von ihren persönlichen Interessen leiten lassen. Doch ich fürchte, dass sie alle von Tag zu Tag mehr in die Rolle von bedauernswerten Relikten einer vergangenen Zeit hineingedrängt werden.

Sicherlich hegen nicht wenige die Hoffnung, dass nach dem Ende jenes Hypes, der zusammen mit dem Rausch an den Finanzmärkten auch die Kunstmärkte erfasst hatte, die guten alten Zeiten wiederkehren werden. Damals war es noch üblich, sich in Muße mit dem Werden und der Entwicklung junger Künstlerinnen und Künstler vertraut zu machen. Erst nach sorgsamer Abwägung und vielen Diskussionen entschied man sich, eine Arbeit zu kaufen. Wie – und ob überhaupt – man sie bei sich zu Hause den Freunden und Besuchern zeigen wollte, bedurfte weiterer Überlegungen. Und so weit irgend möglich, fielen die entsprechenden Entscheidungen erst dann, wenn man die Urheber der Werke persönlich kennengelernt und einen Eindruck von ihrem künstlerischen Wollen gewonnen hatte. Wie so vieles andere hat sich das alles jedoch grundlegend geändert, seit die Seuche der Habgier um die Welt fegt. Längst haben die freien, von niemandem mehr zu bändigenden Märkte alle Spielarten der zeitgenössischen bildenden Künste in ihren Fängen. Sie werden sie nicht mehr hergeben. Eine der bekanntesten deutschen Sammlerinnen, die zu Recht für ihre unbestechliche Eigenart bekannte Ingvild Goetz, hat einmal davon gesprochen, dass sie es »würdelos und unerträglich« gefunden habe, »mit anderen Sammlern um Kunstwerke zu kämpfen«, das sei »furchtbar« gewesen.

Inzwischen haben sich, nicht anders als an den Wertpapierbörsen, die Sitten und Usancen für eine gewisse Zeitspanne wieder beruhigt, die Preise aufgehört, ins Uferlose zu explodieren. Doch sie bewegen sich immer noch auf einem Niveau, das schaudern macht. Arbeiten, die vor Anbruch des weltweiten Booms noch für bescheidene fünfstellige Summen zu haben waren, kosten heutzutage das Zehn- oder Zwanzigfache, nicht wenige Werke der zeitgenössischen Kunst sind nur noch für Millionensummen zu haben. Mehr als nur ein Galerist hat gelernt, eng mit manchen Auktionshäusern zusammenzuarbeiten, um Preise zu manipulieren. Vergleichbar fast schon mit der Kleidungsindustrie werden veritable neue Moden – zuletzt die zeitgenössische chinesische bildende Kunst – kreiert und auf den Markt geworfen. Unzählige Künstler in allen Ländern haben sich längst zu Sklaven dieser Exzesse korrumpieren lassen und produzieren am Fließband – oder sogar auf Bestellung – möglichst großformatige neue Arbeiten. Nicht wenige andere haben sich daruntergemischt, die es – wie etwa ein fast schon wieder genialer Kunstclown wie der Deutsche Jonathan Meese, ein geschäftstüchtiger amerikanischer Großproduzent wie Jeff Koons oder der erfolgreiche Rosstäuscher Damien Hirst – zu einer wahren Meisterschaft entwickelt haben, den gierigen Anlegern schlankweg das Geld aus der Tasche zu ziehen.

Zu Höhepunkten des einschlägigen Jahrmarkts der Eitelkeiten und der Heuchelei sind im Laufe weniger Jahre die regelmäßig in Europa, den USA und inzwischen sogar schon in Shanghai veranstalteten sogenannten Kunstmessen geworden. Hier trifft »man« sich, um dabei zu sein, wenn die neuesten Werke, nicht selten als Ergebnis erbitterter Überbietungsschlachten, verhökert werden. Tief muss wohl dabei die Befriedigung sein, die man empfindet, wenn man zum Schluss den Neid der gleichfalls durch segensreiche Zockerei reich gewordenen Rivalen genießen kann. Freilich könnte einem womöglich auch jene Erzählung aus der Bibel in den Sinn kommen (Mose 2,32): »Der Herr aber sprach (…): (…) Sie sind schnell von dem Wege getreten, den ich ihnen geboten habe. Sie haben sich ein goldenes Kalb gemacht und haben's angebetet und ihm geopfert und gesagt: ›Das sind deine Götter, Israel‹.«

Machen wir uns auch insofern nichts vor. Das Virus hat sich tief eingenistet. Für kurze Zeit schien es, als würde sich mit der weltweiten Krise auch diese Hypertrophie wieder beruhigen. Das war ein Trugschluss. Nicht anders als in der Welt der Finanzen wird es nicht mehr lange dauern, bis auch auf den Kunstmärkten wieder die Verlockung des schnellen Geldes die Oberhand gewonnen hat. Die Protagonisten sind nur bisher noch ein wenig in Deckung. Unbelehrbar, wie auch sie sind, lauern sie jedoch nur darauf, dass es endlich wieder aufwärtsgeht. Echte, durch Bildung und gewachsene Überzeugung getragene Fähigkeit, den Rang und die Bedeutung der Künste für das Gedeihen einer Gesellschaft zu begreifen und zu achten, scheint nur noch in wenigen persönlichen Nischen möglich. Events und Public Relations, so lautet die Losung – und dass das jeweilige Eigeninteresse unbedingten Vorrang genießt, bleibt das Leitbild einer neuen Generation.

Sollte das alles so bleiben (und nichts deutet darauf hin, dass es sich wieder ändern könnte): Wäre das nun in der Tat das Ende dessen, was das Wort Kultur einstmals gekennzeichnet hat? Was wir erleben, ist ja doch eine nahezu vollkommene Auflösung einer Grenzlinie, die für die Entstehung und das Gedeihen jedenfalls des westlichen Kulturverständnisses sie jeher unverzichtbar war: die sorgsame Unterscheidung zwischen dem privaten Bereich des menschlichen Individuums und seiner Erlebnissphäre auf der einen und dem öffentlichen Leben auf der anderen Seite. Mit einer gewissen Berechtigung könnte man dies sogar als nahezu klassische Beschreibung einer »bürgerlichen« Kultur verstehen – worauf wir allerdings sogleich noch einzugehen haben. Inzwischen jedoch dürfte sich kaum noch jemand finden lassen, der oder dem es gelingt, beide Bereiche verlässlich auseinanderzuhalten. Alles Zivile ist zugleich öffentlich geworden – und umgekehrt fährt die kapitalistische Begeisterung fort, uns zu belehren, dass die Ellenbogen, die radikale Individualisierung aller Interessen, Vorrang vor jedem öffentlichen Anliegen haben.

Stehen die wenigen, die sich unverändert dessen bewusst sind, dass unser Gemeinwesen auf Werten beruht, die wir besser wie unseren Augapfel hüten sollten, bevor uns ihr Verlust alle gemeinsam bis ins Mark trifft, inzwischen auf verlorenem Posten? Ist die Stunde der Heuchler unwiderruflich über uns hereingebrochen? Geborener Optimist, der ich bin, bleibe ich davon überzeugt, dass dies nicht so ist – oder zumindest nicht so sein muss. Es liegt allein in unserer Hand.

Die »bürgerliche Mitte« – Gralshüterin von Freiheit und Wohlstand?

»In fernem Land, unnahbar euren Schritten, liegt eine Burg«, so hebt Lohengrin zu seiner Gralserzählung an. Die Kunstfertigkeit moderner Heuchelei bedarf weder einer Opernbühne noch des dunklen Zaubers von Richard Wagner, um unserem Zeitalter seine Errettung durch einen kühnen Ritter glaubhaft zu machen. In den Welten der Finanzen, der Wirtschaft, der Bildung und der Kultur ist es gelungen, der staunenden Menschheit vorzugaukeln, dass die jeweils aktiv Verantwortlichen mit Hilfe eines Gralsritters, der sich mit dem Namen Marktwirtschaft tarnt, nur ein einziges oberstes Ziel kennen: das gemeine Wohl. Fast schon sollte man glauben, dass diese Meisterschaft, die gutgläubige Mehrheit über die wahren eigenen Motive hinwegzutäuschen, durch nichts mehr zu übertreffen ist. Das ist wohl auch so. Und es gibt eine überzeugende Erklärung dafür, warum das so perfekt gelingt. In Wirklichkeit speist sich die Kraft der Heuchelei nämlich aus einer gar wundersamen Quelle. Sie verleiht dem Strom immer wieder neue, ja unwiderstehliche Kraft, während sie sich mit Vorliebe hinter einem nachgerade idyllisch klingenden Schlagwort versteckt. Es lautet: Bürgerlichkeit.

Unbeirrbar wird diese vermeintliche gesellschaftliche Eigenschaft dafür gepriesen, dass sie – sowohl ethisch als auch nach allen sonst noch denkbaren Kriterien – jeglichen anderen Lebensformen überlegen sei. Nicht zuletzt soll dies dort gelten, wo es um die Sicherung von Freiheit und Wohlstand geht. Bedauerlicherweise gibt es jedoch gute Gründe für den Verdacht, dass das genaue Gegenteil zutreffen könnte. Sie legen nahe, dass sich hinter dem Tarnwort der Bürgerlichkeit in Wahrheit die Mutter aller Lügen verbirgt. Das kommt schnell zum Vorschein, wenn man nur ein ganz klein wenig an der Oberfläche mancher der Erscheinungsformen jämmerlicher Heuchelei kratzt, denen wir bisher begegnet sind. Allzu offensichtlich wird es nur deswegen nicht, weil so viele von uns blauäugig genug sind, eine ganze Reihe täglicher Merkwürdigkeiten, die uns mit Biedermannsmiene anempfohlen werden, unbesehen als selbstverständlich hinzunehmen. Bürgerlich: Das klingt ja doch so solide, ja heimelig, lässt sogleich so viel Vertrauen anklingen. Nur wenige kommen da auf die Idee, kritisch nachzufragen, ob sich dahinter womöglich schiere Eigeninteressen verbergen. Denn selbst in den Medien wird der Begriff inzwischen schon ganz alltäglich verwendet, niemand macht sich die Mühe, ernsthaft Gedanken darauf zu verschwenden, was eigentlich wirklich damit gemeint ist.

Als eigentlicher Gralsritter der Bürgerlichkeit versteht sich die »bürgerliche Mitte«. Entsprechend lassen deren Propagandisten keine Gelegenheit aus, die vorgeblichen Vorzüge von Bürgerlichkeit als eine Art Alleinvertretungsrecht für sich zu pachten. Ganz besonders halten sich darauf jene beiden (oder vielmehr drei) Parteien etwas zugute, die seit dem Triumph ihres Wahlerfolges im Herbst 2009 beständig beteuern, sich aus gegenseitiger Neigung zu unserer derzeitigen Bundesregierung zusammengefunden zu haben. Ihnen und ihren mannigfachen Verbündeten in der angeblich von ihnen besetzten Mitte unserer Gesellschaft dient denn auch Bürgerlichkeit als hehres, um nicht zu sagen: als endgültiges, Ziel ihres selbstlosen Wirkens für das Wohl unserer Gesellschaft. Aus der Weltsicht der Bundeskanzlerin und womöglich noch viel intensiver für die meisten ihrer politischen Hilfstruppen in allen Teilen der Republik, an vorderster Stelle aber für unseren Außenminister und die von ihm so entscheidend geformte Partei scheint jedenfalls Bürgerlichkeit in allen ihren Erscheinungsformen zu den Begriffen zu zählen, die sie mit der Muttermilch aufgesogen haben. Jedenfalls pflegen sie ihn in allen ihren jeweiligen Lebenslagen, vermutlich sogar im Tiefschlaf, wie Automaten herunterzubeten. Dabei mögen manche von ihnen – wie der kluge Finanzminister Wolfgang Schäuble, der in einem Interview mit der ZEIT geradeheraus erklärte, dass er von dem Begriff eines bürgerlichen Lagers »nichts halte« – ahnen, welches Ausmaß an Heuchelei sich dahinter verbirgt. Ich vermute allerdings, dass er mit seiner Aussage wohl eher auf die Verknüpfung mit dem Wort »Lager« und damit auf eine von ihm nicht für dauerhaft nützlich gehaltene Nähe zwischen der CDU und der FDP zielte, denn bereits bei seiner Antwort auf die unmittelbar folgende Frage zögerte er nicht, den Begriff der Bürgerlichkeit wieder ohne erkennbaren Vorbehalt zu verwenden.

Das Spektrum der Vorzüge, die der bürgerlichen Mitte zugeschrieben werden, reicht denn auch von der vor bald dreißig Jahren vollmundig von Helmut Kohl angekündigten »geistig-moralischen Wende« (auf die wir immer noch sehnsüchtig warten) über die durch seinen Amtsnachfolger Gerhard Schröder herbeigepredigte Neue Mitte bis zu den nostalgischen Erkenntnissen mancher Literaten, die sich selbst für bedeutend halten.

Dabei nahmen und nehmen Letztere gern eine Art intellektueller Erhabenheit für sich in Anspruch, die sie von den Niederungen verachtenswerter literarischer Tagesmoden abhebt: so etwa der verstorbene Hohepriester des deutschen Großbürgertums, Joachim Fest, oder der allwissende FAZ-Feuilletonchef Frank Schirrmacher – von solchen geistigen Hallodris wie dem ehemaligen SPIEGEL-Redakteur Matthias Matussek oder einer ach so begabten wie tiefsinnigen Autorin namens Eva Herman mit ihrer Wiederentdeckung des ungetrübten Mutterglücks ganz zu schweigen.

Der alteingesessene Handwerksmeister um die Ecke, der erfolgreiche Familienunternehmer, der zuverlässige Ministerialrat, die gestandene Apothekerin – oder eben besagter Guido Westerwelle: Verbirgt sich womöglich unter dem Deckmantel ihrer Bürgerlichkeit etwas, was sie alle, wenn auch eher hinter vorgehaltener Hand, in Wirklichkeit als eine bestimmte Art von Wohlanständigkeit verstehen möchten? Muss man nicht schon nach flüchtigem Nachfragen schnell feststellen, dass sie in ihrem Innersten eben dies für eine Eigenschaft halten, die sie selbst grundlegend von gewissen anderen, sozusagen »gewöhnlichen« – oder »proletenhaften« – Menschen um sie herum unterscheidet? Und kommt darin vielleicht eine intellektuelle Überheblichkeit zum Ausdruck, die fast schon schaudern machen könnte?

Wohlanständigkeit: Man tut nur das, was »sich ziemt«. Schlimmer als das kann freilich gesellschaftliche Heuchelei nicht zum Ausdruck kommen. Vorgetäuscht wird die Verpflichtung auf eine moralische Kategorie – während es in Wahrheit nur um die rein äußerliche Beachtung von Konventionen geht. Was sich in diesem Sinne »ziemt«, ist nämlich noch lange nicht identisch mit einer ethisch begründeten Regel für »das, was man tut«, oder »das, was man nicht tut«. Verpönt ist es, über die Stränge zu schlagen – weder bei Speis und Trank noch in der Art der Bekleidung, mit der man sich öffentlich zeigt. Man lebt in fester Partnerschaft, die zudem bis vor nicht allzu lange zurückliegender Zeit durch festgefügte Regeln eines allgemeingültigen bürgerlichen Geschmacks gekennzeichnet war. Die Kinder werden notfalls mit Nachhilfestunden gefördert, damit sie ein renommiertes Gymnasium besuchen oder wahlweise auf einem englischen oder amerikanischen Internat untergebracht werden können. Außereheliche Beziehungen sind zwar erlaubt, doch nur so lange, wie sie nicht in der BUNTEN oder der BILD durch peinliche Fotografien und Schlagzeilen belegt werden. Wenn schon nicht an der Hamburger Elbchaussee oder in München-Bogenhausen, so wohnt man doch mindestens in einem als bürgerlich geltenden Stadtviertel. Finanziell lebt man selbstverständlich in gesicherten Verhältnissen, mehr noch: Man nennt ein nicht allzu bescheidenes Vermögen sein Eigen. Ferienreisen dienen neben der verdienten Erholung regelmäßig auch kulturellen Bildungszielen. Man hat Abonnements für die Oper und die städtische Philharmonie, besucht die großen Festspiele – und selbstverständlich ist man Mitglied in einem der besten Golfclubs. Nicht zu vergessen die vielfältigen selbstlosen karitativen und kulturellen Aufgaben, die vor allem die Ehepartnerin wahrzunehmen pflegt. Kurzum: Man erfreut sich eines guten Rufes.

Ich weiß wohl: Die Aufzählung klingt fast schon wie ein Witz – oder zumindest nach gewollter Ironie. Gewiss sind es denn auch keineswegs ausnahmslos alle unsere sich als bürgerlich verstehenden Mitbürgerinnen und Mitbürger, auf die sie ohne Einschränkung zutrifft. Doch ich fürchte, dass solche Erscheinungsformen von Wohlanständigkeit tatsächlich ein Vorbild beschreiben, das vielen von uns als Lebensziel vorschwebt. Man wähnt sich auf diese Weise – und natürlich auch noch durch weitere vergleichbare »Tugenden« – von den Mitmenschen zu unterscheiden. Im Klartext: Man ist »etwas Besseres«. In den Bereich des Politischen übersetzt heißt das: Wer den »bürgerlichen Parteien« seine Stimme gibt, wählt diejenigen, die besser sind als die anderen – sprich: als jene vorzugsweise als links bezeichneten Parteien, denen eigentlich nicht über den Weg zu trauen ist. Denn diese sind ja doch insgeheim darauf aus, alle jene Vorzüge bürgerlicher Wohlanständigkeit zugunsten einer Einebnung auf dem bekanntlich niedrigen Niveau des gemeinen Volkes abzuschaffen – oder verbergen gar hinter dem Mäntelchen demokratischer Überzeugungen finsterste sozialistische, sprich: gemeingefährliche Absichten.

Eigentlich gehöre ich ja selbst jener Schicht von Menschen an, die sich solcherart als bürgerlich verstehen möchte. Meine Eltern waren rundum belesene – um nicht zu sagen: gebildete – Menschen, denen der gängige Kanon historischen und kulturellen Wissens jedenfalls nicht fremd war. Sie führten eine vorbildliche Ehe, fielen in der Öffentlichkeit nicht durch unziemliche Extravaganzen auf. Mein Vater hatte sein Universitätsstudium »ordentlich« abgeschlossen und war, zusammen mit meiner Mutter, ein jederzeit gerngesehener Gast bei öffentlichen und privaten Veranstaltungen. Nach meiner juristischen Ausbildung habe ich den jedenfalls zu meiner Zeit noch recht angesehenen Beruf des Managers in großen Wirtschaftsunternehmen gelernt und ausgeübt.

Zwar einmal geschieden, war ich zu keiner Zeit Objekt der Berichterstattung in der Klatschpresse. Meine Frau und ich besuchen – wenn auch nicht immer im dunklen Anzug und mit langem Kleid – gern Opern- und Theateraufführungen (und ärgern oder freuen uns darüber). Auf Reisen in alle Welt haben wir den Zeugnissen der Vergangenheit nachgespürt, gelernt, die Wege der bildenden Künste als großartige Geschenke zu begreifen, und in stillen Stunden versucht, wenigstens einiges von dem zu lesen, mit dem die Verlage Jahr um Jahr den Markt für zeitgenössische Literatur zu überschwemmen pflegen.

Zwar gebe ich gern zu, dass wir hin und wieder bestrebt waren, manche Erscheinungsformen dessen zu meiden, was in den »gehobenen Kreisen« als üblich gelten mag. Nur selten waren wir in Salzburg bei den dortigen Festspielen, nie in Bayreuth. Das von vielen naserümpfend abgetane Regietheater haben wir nur selten von vornherein als geistige Verirrung empfunden. Die ständige Wahrnehmung von abendlichen Essenseinladungen, bei denen über die einzigartige Stellung der Josephsromane von Thomas Mann in der deutschen Literaturgeschichte geschwärmt oder über die letzte Kulturreise der anwesenden Damen nach Florenz berichtet wurde, war nicht unsere Sache. Trotzdem: Nachdem uns ein gütiges Geschick zu dem verholfen hatte, was gängigerweise als gesichertes Einkommen und bescheidenes Vermögen beschrieben wird, würde es einem oberflächlichen Beobachter sicherlich kaum in den Sinn kommen, in uns etwas anderes zu sehen als Mitglieder der bürgerlichen Gesellschaft. Umso mehr lege ich Wert darauf, dass ich eben nicht dazugehöre.

Ich bin nicht bürgerlich – vielmehr bin ich schlichtweg ein Bürger, ein Bürger meines Landes, ein »Citoyen« im guten alten Sinn des Wortes, der sich in nichts unterscheidet von allen übrigen Bürgerinnen und Bürgern der Bundesrepublik Deutschland. Als solcher trage ich keinerlei Anspruch vor mir her, mich durch meine Zugehörigkeit zu einer bestimmten Gesellschaftsschicht und die angeblich damit verbundenen Eigenheiten von anderen – schon gar nicht vom sogenannten gemeinen Volk (oder gar vom »Plebs«) – zu unterscheiden. Genau jener Hochmut aber, sich einzubilden, man gehöre einer besonderen, einer herausgehobenen Schicht an, steckt dahinter, wenn es darum geht, jenen »anderen« etwas vorzugaukeln. In aller Regel geht es doch um nichts als die eigenen, zumeist nackten materiellen Interessen. Hier – und nirgendwo sonst – sprudelt denn auch die Urquelle all der Erscheinungsformen von Heuchelei, denen wir nachgespürt haben. Während man vorgibt (und sich das womöglich auch selbst einbildet), fest auf dem Boden eigener Wertvorstellungen zu stehen, belügt man ständig in schändlichster Weise die gesamte Gesellschaft. Bürgerlichkeit: In Wirklichkeit kennzeichnet der Begriff nichts anderes als just jenen Tummelplatz derjenigen Zeitgenossen, die es so meisterhaft gelernt haben, sich hinter ihrer Biedermannsmiene zu verschanzen.

Dabei würde es wahrlich wenig Mühe machen nachzuverfolgen, wie schillernd sich das Verständnis des Begriffs der Bürgerlichkeit über die letzten Jahrhunderte hinweg entwickelt hat. Als Merkmal, das sich dazu eignen könnte, verschiedene Gesellschaftsgruppen – und damit auch einzelne Menschen, die diesen zuzurechnen wären – voneinander zu unterscheiden, hat das Schlagwort jedenfalls längst jegliche begriffliche Schärfe eingebüßt. Das schließt – wie sollte es auch anders sein

– natürlich nicht aus, dass es bis in die neueste Zeit hinein immer wieder zum Gegenstand ebenso hitziger wie tiefschürfender Debatten in den Printmedien, vor allem aber innerhalb der bekanntlich so überzeugend präzise und verständlich argumentierenden Gilde der Soziologen geworden ist. Eine »Renaissance der bürgerlichen Werte« wurde zum Kennzeichen »Neuer Bürgerlichkeit« ausgerufen, der Rückzug ins Private als Lebenssehnsucht einer neuen Generation entdeckt. Wie tiefschürfend die meisten der einschlägigen Argumente ausfielen, wird freilich darin besonders deutlich, dass man meinte, die Welt ließe sich zum Besseren wenden, wenn man sich nur endlich wieder auf die alten Sekundärtugenden – wie Disziplin in der Schule, gutes Benehmen und Respekt vor der älteren Generation – besinnen würde. Geändert hat das alles nichts daran, dass das Zeitalter der Bürgerlichkeit und der sie tragenden Wertvorstellungen schon vor nahezu hundert Jahren – nämlich mit dem Ersten Weltkrieg – unwiderruflich zu Ende gegangen ist.

Bürger gab es natürlich schon in der griechischen, vor allem aber in der römischen Antike. Mit seinem legendären Ausruf, er sein »ein Berliner«, hat Präsident Kennedy ja ausdrücklich auf den Begriff des *civis romanus*, des Bürgers der Stadt Rom (und ihres Weltreichs), angespielt. Zweifellos verband sich damit zu seiner Zeit nicht nur ein stolzes Zugehörigkeitsgefühl, sondern es bedurfte auch bestimmter durchaus als bürgerlich verstandener Tugenden, um sich dessen rühmen zu dürfen. Trotzdem brauchen wir uns jetzt nicht in einem Gedenken an längst vergangene Zeiten zu verlieren. Wohl sollten wir uns allerdings daran erinnern, dass die Wurzeln des modernen Verständnisses von Bürgerlichkeit zumindest in gewissem Sinne bis an den Übergang vom europäischen Mittelalter zur Neuzeit zurückreichen. Aufgelebt ist es zuerst in den Städten der Hanse und in den von fürstlicher Herrschaft freien Reichsstädten. Bevor es zu wirklicher Blüte gedeihen konnte, sollte danach allerdings noch das eine oder andere Jahrhundert vergehen: Den Durchbruch brachten, angefangen mit der Französischen Revolution von 1789, erst der europaweite Sturz der absolutistischen Herrschaften und die Auflösung der durch sie am Leben erhaltenen höfischen Gesellschaftsstrukturen.

Bürgertum: Bis dahin war das der dritte Stand, angesiedelt sozusagen unterhalb des Adels auf der einen, der Geistlichkeit auf der anderen Seite. Nicht zuletzt zählten in den Städten allenthalben die freien Gewerbetreibenden dazu. Weit überwiegend waren sie in Gilden oder Zünften zusammengeschlossen und wurden – im Unterschied zu dem unter ihnen eingeordneten vierten Stand, dem Proletariat – eben als Bürger bezeichnet. Als solche erfreuten sie sich durchaus nicht unbeträchtlicher Freiheiten. Vor allem zählte das Recht dazu, ihr angesammeltes Privateigentum weiterzuvererben. Daraus entwickelte sich sozusagen Schritt um Schritt das zähe und entschlossene Bestreben nach einer ständigen Vermehrung des eigenen Vermögens. Ein solches wiederum gewährleistete zunehmende persönliche Sicherheit – und zog damit zwangsläufig auch ein sich verstärkendes Selbstbewusstsein gegenüber den beiden oberen, den privilegierten Ständen nach sich.

Zwar waren es keineswegs diese »Bürger«, die allein für sich die Bastille gestürmt hätten. Johlende Volksmassen, berauscht von Rachedurst und Blutgier, haben sicherlich entscheidend dazu beigetragen, dass die oh-

nehin an sich selbst zweifelnden Verteidiger der alther-
gebrachten Ordnung bald aufgeben mussten. Doch es
waren Vertreter eben jenes dritten Standes, die schließlich mit ihren Stimmen in der Nationalversammlung
das Königspaar auf die Guillotine und die alte Herr-
schaftsordnung endgültig zum Einsturz brachten.
»Liberté, Egalité, Fraternité«, »Freiheit, Gleichheit,
Brüderlichkeit« war ihre Losung, die sich zu den Klän-
gen der Marseillaise wie ein Lauffeuer in ganz Europa
ausbreitete. Es war das Traumbild von einer neuen
Gesellschaft, in der die alten Standesunterschiede auf
den Kehrichthaufen der Geschichte gehörten und aus
Adligen, Geistlichen und Bürgern zusammen mit allen
anderen gleichberechtigte »Citoyens« werden sollten.

Der Traum lebt bis heute weiter fort. Verwirklichen
sollte er sich freilich während des ganzen Jahrhunderts
nie, das auf den gewaltsamen Umbruch folgte. Nahezu
überall in Europa wies die Geschichte einen anderen
Weg. Mit wenigen Ausnahmen gelang es den konser-
vativen Kräften, die alten Herrschaftsstrukturen in
neuem Gewand wiederauferstehen zu lassen. Lange
genug sollte es noch dauern, bis sich endlich auch die
wichtigsten Monarchien – wie schon lange zuvor das
englische Königshaus – damit abfinden mussten, ihre
uneingeschränkte und selbstherrliche Macht durch
gesetzlich festgeschriebene Bürgerrechte, ja durch Ver-
fassungen, einengen zu lassen. Deutschland wie Öster-
reich-Ungarn gehörten zu den Ländern, die sich dabei
am schwersten taten.

Auf dem mühseligen, mit bitteren Rückschlägen und
Niederlagen gepflasterten Weg mussten andererseits die
Kräfte, die zu Anfang unter dem Banner des Liberalis-
mus für eine konsequente Entwicklung zur Demokratie

eingetreten waren, am Ende entmutigt die Waffen strecken. Es blieb ihnen nur, sich in ihren privaten Winkel zurückzuziehen und statt der erhofften aktiven Beteiligung an der Gestaltung ihres Staates ihre Fähigkeiten auf die Pflege ihres materiellen Wohlstandes zu richten. Die »Citoyens« wandelten sich zu »Bourgeois« – zu pflegeleichten und obrigkeitshörigen Untertanen, die sich damit zufriedengaben, ihre Wohlanständigkeit als Kennzeichen ihrer Bürgerlichkeit vor sich her zu tragen.

Natürlich galt das nicht ausnahmslos. Nicht zuletzt im Zusammenhang mit dem drastischen Wandel der grundlegenden wirtschaftlichen Strukturen, der bald nach der Mitte des 19. Jahrhunderts einsetzte, zeichnete sich bei uns in Deutschland eine in vielerlei Hinsicht gänzlich neue Entwicklung ab. Sie führte zu einer deutlichen, ja zu einer krassen Trennung zwischen unterschiedlichen gesellschaftlichen Schichten innerhalb des sogenannten Bürgertums. Der Historiker Lothar Gall hat das in seinem Buch »Bürgertum in Deutschland« am Beispiel der Mannheimer Familie Bassermann eindrucksvoll beschrieben. Keineswegs nur einigen wenigen Familien gelang es in der Tat, im Verlaufe der Jahrzehnte beträchtliche Vermögen anzusammeln. Viele von ihren männlichen Angehörigen konnten bis in die obersten beruflichen Ebenen vordringen, die für nichtadelige Bewerber erreichbar waren. Anders als ihre Vorfahren, die ihr Auskommen noch als Gastwirte oder Handwerksmeister gefunden hatten, wurden sie hohe Richter, angesehene Ärzte, Rechtsanwälte oder Universitätsprofessoren. Vor allem aber eröffnete die mit Macht einsetzende industrielle Revolution vielen von ihnen den Zugang zu bedeutendem Unternehmertum. Namen wie

162

Rathenau oder Siemens, die in dieser Zeit den Grundstein für spektakuläre unternehmerische Erfolge legen konnten, haben bis heute ihren Klang behalten.

So explodierte zum Beispiel im Anschluss an den siegreichen Krieg von 1870/71 und die darauf folgende Gründung des Deutschen Reiches der bis dahin ländliche Westen der neuen Hauptstadt Berlin in einem wahren Rausch der Immobilienerschließung. Eine große Zahl reich gewordener Familien stand Schlange, um sich palastähnliche Villenanwesen zu bauen – und repräsentierte damit jene neue Schicht von Menschen, die bald zu Recht als Großbürgertum bezeichnet wurde. Nicht wenige dieser Familien waren jüdischer Abstammung. Sie pflegten alle einen Lebensstil, der in der Tat bürgerlich war. In vorderster Linie zählte das Bestreben dazu, sich streng daran zu halten, was die »guten Sitten« vorgaben. Man führte einen geordneten Haushalt, dem die Dame des Hauses mit Umsicht vorstand. Verschwendungssucht jeglicher Art war verpönt, zumindest durfte man damit nicht nach außen auffallen. Die zahlreichen Kinder wurden durch geeignetes Personal aufgezogen und den stolzen Eltern einmal am Tage – mit Vorliebe abends vor dem Schlafengehen – zur Kontrolle des erreichten Fortschritts ihrer Erziehung vorgeführt. Gemeinsam verbrachte man die Sommerferien an der Ostsee. Man besuchte sich untereinander zu opulenten Essen und Hauskonzerten, nach dem Mahl zogen sich die Herren zu Zigarren und Cognac zurück, während die Damen ihr Plauderstündchen abhielten. Politisch dachte man zwar keineswegs ausschließlich konservativ, doch nur in seltenen Ausnahmefällen war jemand so kühn, sich mit liberalen Auffassungen in offene Opposition zur kaiserlichen Regierung zu begeben.

Die weit überwiegende Mehrheit aller jener anderen Bürgerfamilien, die sich nicht zu dieser obersten Schicht zählen durften, entwickelte sich derweil zu dem, was inzwischen allenthalben mit dem schon erwähnten, halb liebenswürdig, aber auch halb herablassend gemeinten »Bourgeois«, auf Deutsch: Kleinbürger, bezeichnet zu werden pflegt. Heinrich Mann hat ihre Protagonisten in vielen seiner Romangestalten meisterhaft beschrieben. Nach außen waren sie bestrebt, gleichfalls den schönen Idealen von Bürgerlichkeit nachzuleben, wie sie ihnen durch das Großbürgertum vorgeführt wurden. Das betraf, wenn auch natürlich auf jeweils bescheidenerem materiellen Niveau, ihre Kleidung, den täglichen Umgang untereinander, die Eheschließungen und die Erziehung der Kinder auf Schulen, die nur ihnen vorbehalten waren. Beruflich war zwar der Zugang zu den höchsten Ebenen verschlossen, doch immerhin reichte es zum mittleren Beamten, zum Oberlehrer, zum Postobersekretär, zum Staatsanwalt, ja zum Reserveoffizier.

In politischer Hinsicht blieb es freilich für den Kleinbürger ein absolutes Tabu, auch nur den Anschein zu erwecken, als könnte man gegenüber der Obrigkeit aufmüpfig sein. Das hätte nicht nur die Karriere gekostet, sondern vor allem den Anschein erwecken können, als wolle man sich mit den lohnabhängigen Arbeitern, mit den Proletariern (oder »Proleten«) gemein machen. So nannte man jene frech gewordenen Kerle, die sich plötzlich herausnahmen, sich in eigenen Organisationen zusammenzutun, um das Recht zur Mitwirkung an der gesellschaftlichen und politischen Entwicklung und zudem einen auskömmlichen Anteil am Wachstum des Volkseinkommens zu erstreiten, mit anderen Worten: die Gefolgsleute der neu ins Leben getretenen

Arbeitervereine und der bald darauf gegründeten Sozialdemokratischen Partei. Mit ihnen, den ungebildeten Hungerleidern, die in den dürftigsten Umständen der Hinterhöfe lebten und ihre zahlreichen Nachkommen nur mit Mühe durchfüttern konnten, wollte – und konnte – man als Bürger auf keinen Fall in Verbindung gebracht werden.

Ausnahmen von dieser grundsätzlichen Einstellung gab es allenfalls bei ein paar wenigen Angehörigen der gehobenen Schichten, die intelligent und mutig genug waren, sich nicht durch den Nebel täuschen zu lassen, den die Aura des wirtschaftlichen und machtpolitischen Erfolgs während der langen Regierungszeit des mächtigen Reichskanzlers Otto von Bismarck über dem Land verbreitete. Die Schicht der Kleinbürger hingegen stand geschlossen auf der Seite des kaiserlichen Regimes. Mit scheinheiliger Miene versuchte man, sich selbst und allen anderen etwas vorzumachen. Dass man etwas Besseres sei als der Plebs auf der Straße, als »die Linken« – das alles sollte sich freilich allzu bald, nämlich spätestens mit dem Ausbruch des Ersten Weltkrieges und den darauf folgenden gesellschaftlichen Umwälzungen in der Zeit der Weimarer Republik, als leerer und längst überholter Wunschtraum erweisen.

Davon freilich war bis auf weiteres noch keine Rede. Vielmehr nutzte man die Gunst der Stunde. Hatte man früher Tag für Tag harte Arbeit leisten, Groschen um Groschen zusammenlegen müssen, damit sich über Generationen hinweg ein kleines Vermögen und damit bürgerlicher Wohlstand ansammeln konnte, war nun die sogenannte Gründerzeit angebrochen. Zusammen mit dem großen Umbruch in der Wirtschaft – von den alten landwirtschaftlich geprägten Strukturen hin zur modernen, durch technischen Fortschritt bestimmten industriellen Produktion – kamen große Aktiengesellschaften auf, deren frei handelbare Papiere an Börsen notiert waren. Das aber bedeutete, dass sich nun ein gänzlich neues Betätigungsfeld auftat, das sich wunderbar dazu eignete, es hinter der Biedermannsmiene des »ehrbaren Bürgers« zu verstecken: Geld raffen – zocken – schnell reich werden.

Kommt Ihnen das vielleicht irgendwie bekannt vor?

Der Rest der Geschichte ist rasch erzählt. Schon ein paar Jahrzehnte zuvor war die Epoche des Biedermeier zur Geburtsstunde der Neigung geworden, das nicht selten unangenehme Bemühen um Wahrheit durch Heuchelei zu ersetzen, ja, sie zur allseits geübten Grundlage für bürgerliches Verhalten zu machen. Keineswegs etwa moralisch verpönt, war sie weitgehend geduldet, mehr als das: sogar geschätzt – zumindest sofern sie nicht allzu offensichtlich oder gar tollpatschig daherkam. Schon beim Anbruch der Regierungszeit von Kaiser Wilhelm II. hatte sich daraufhin diese wunderbare Fähigkeit zum Charaktermerkmal des selbsternannten Bürgertums, zu seinem unverwechselbaren Signum entwickelt. Mit dem großen europäischen Weltkrieg und seinen völkermordenden Begleiterscheinungen sollte dann freilich der Traum von Ruhe und Wohlstand ebenso schnell wie endgültig vorbei sein.

Die »Urkatastrophe des 20. Jahrhunderts«, als die der große amerikanische Diplomat und politische Denker George F. Kennan das Völkermorden zu Recht bezeichnet hat, und die darauf folgenden ökonomischen wie sozialen Wirren bewirkten für ausnahmslos alle der bis dahin vermeintlich so gefestigten Gesellschaftsschichten einen unvorstellbaren, noch nie dagewesenen

Kahlschlag. Der Verlust fast aller ererbter Vermögen durch die Inflation der zwanziger Jahre, die zunehmenden politischen Wirren der Weimarer Zeit, die große Weltwirtschaftskrise an der Wende zu den Dreißigern und schließlich der endgültige Triumph der Nazibarbarei – alles das führte dazu, dass es fortan in weiten Teilen Europas, nicht zuletzt aber in Deutschland, nie mehr wieder ein Bürgertum geben sollte, jedenfalls nicht im alten Sinne einer als solcher einflussreichen gesellschaftlichen Schicht. Überflüssig deswegen auch, sich in den bis heute anhaltenden akademischen Streit darüber einzumischen, ob der braune Diktator und seine Gefolgschaft bei ihrem Marsch durch die deutsche Gesellschaft durch sogenannte bürgerliche Schichten unterstützt, ja gefördert – oder im Gegenteil abgelehnt wurden. Übriggeblieben ist nur die Lebenslüge von der Bürgerlichkeit – und mit ihr die Seuche scheinheiliger Heuchelei als ihr für alle Zeiten kennzeichnendes Wesensmerkmal.

Bis heute bleibt als öffentlicher Meilenstein dafür der legendäre Skandal in Erinnerung, den Bert Brecht und Kurt Weill 1928 mit der Uraufführung der »Dreigroschenoper« in Berlin auslösten. Als ihr Personal standen auf der Bühne: Jonathan Peachum, Herr über das organisierte Bettlerwesen von London und trotz seiner brutalen Skrupellosigkeit darauf bedacht, von jedermann als ehrenwerter Unternehmer geachtet zu werden, seine geldgierige Familie mit der verschlampten Tochter Polly, an die sich Macheath heranmacht, der als Mackie Messer bekannte, vor keiner Untat zurückschreckende Obergauner, sowie der korrupte Polizeichef Tiger-Brown, den Peachum dazu erpresst, seinen alten Soldatenkumpel Mackie Messer an die Justiz auszuliefern:

Deutlicher konnte man nicht vorführen, dass sich hinter der Maske von Bürgerlichkeit ein wohlorganisiertes Netzwerk gnadenloser Bereicherungsgier verbarg. Das war denn auch eindeutig zu viel der Provokation für ein Publikum, das schnell genug bemerkte, wie treffend das Bild war, das ihm da im Spiegel vorgehalten wurde und dessen wütender Protest sich deswegen bei der Premiere mit dem Lärm der bestellten Trillerpfeifen brauner Besucherhorden vermischte.

Natürlich gab es auch während der Naziherrschaft zahlreiche Familien, die sich der Illusion hingaben, im guten alten Sinne des Wortes bürgerlich zu sein – oder bleiben zu können. Unverändert legte man in ihren Kreisen Wert auf die traditionellen Umgangsformen, hielt etwas auf Bildung im Allgemeinen und Belesenheit im Besonderen und heiratete soweit möglich untereinander. Dieses Selbstverständnis und diesen Lebensstil durfte man sogar hegen und pflegen – solange man damit dem Regime nicht in die Quere kam. Im Übrigen »blieb einem ja ohnehin nichts anderes übrig«, man musste »sich arrangieren«, wollte endlich wieder leben wie früher, ohne immerzu an das garstige Lied der Politik denken zu müssen. Schließlich hatten ja doch die Nazis dem Bürgertum »eigentlich nichts angetan«, ganz im Gegenteil, sie hatten 1934 mit der mörderischen Beseitigung von Ernst Röhm, dem Anführer der braunen SA-Proleten, sogar ihren früheren gleichmacherischen Ideen deutlich genug abgeschworen. Kaum anders verhielten sich die vergleichbaren bürgerlichen Schichten auch in den meisten anderen europäischen Ländern gegenüber den jeweiligen faschistischen Parteien.

Endgültig war diese Zeit träumerischer Verblendung erst zu Ende, als sich die Verbrecherbande an die physische Vernichtung der Juden heranmachte, die seit langem – gemessen sowohl an der Anzahl als auch an ihrer geistigen wie wirtschaftlichen Bedeutung – einen beträchtlichen Teil jenes Bürgertums ausmachten. In seiner fast schon heiter-elegischen Art hat Sándor Márai diesen Abschied von einer Welt von gestern am bewegenden Beispiel seiner ungarischen Heimat geschildert. Doch selbst durch die bis heute so unvorstellbar grauenvoll gebliebene Tat verirrter deutscher Geister wurde eben in Wirklichkeit nur noch einmal neu bestätigt, dass jene Epoche schon längst untergegangen war, in der bürgerliche Ideale und bürgerliche Lebenshaltung mehr gewesen waren als leere Worthülsen.

Bis zum Juli 1944 sollte es dauern, bis endlich das Gewissen einiger weniger, vom Adeligen bis zum Gewerkschaftler aus allen Schichten des Volkes stammend, offen gegen die Barbarei aufbegehrte. Offiziell gab es dagegen, abgesehen von der schon seit dem ersten Tag nach der nazistischen Machtergreifung offen diskriminierten jüdischen Bevölkerung, nur noch »Volksgenossen« und »Volksgenossinnen«. Deren in der Tat schrankenlose Gleichheit sollte mit dem Ausgang des verbrecherisch vom Zaun gebrochenen Krieges unwiederbringlich zur bitteren, zur nicht mehr zu verdrängenden Wirklichkeit werden. Daran änderte sich in den ersten Jahren, die auf das Ende folgten, nicht das Geringste. Wahrhaft niemand konnte ernsthaft an eine Wiederherstellung früherer Zeiten denken. Dafür sorgte allein schon das Millionenheer von Flüchtlingen. Sie hatten nicht nur ihr gesamtes Hab und Gut, sondern auch einen großen Teil ihrer Angehörigen verloren und erhoben nun Anspruch darauf, Unterkunft und Arbeit mit denjenigen zu teilen, die das Glück gehabt hatten, wenigstens noch kärgliche Reste von etwas Eigenem in die Zukunft hinübergerettet zu haben. Plötzlich stand, jedenfalls für die allermeisten, nichts anderes mehr im Vordergrund als schlankweg die Sorge um das nackte Überleben.

Wer – wie ich – die damaligen Zustände selbst miterlebt hat, dem muss es im Rückblick fast schon wie ein Wunder vorkommen, wie schnell diese Zeit vorüberging. Spätestens mit der Geburtsstunde der Bundesrepublik im Jahr 1949 setzte im Westen des Landes ein gänzlich neues Leben ein. Das galt zwar auch für den Osten, wo um die gleiche Zeit unter sowjetischer Ägide die DDR gegründet wurde. Doch das, was sich in den folgenden vierzig Jahren der Diktatur dort in gesellschaftlicher Hinsicht herausbildete, dürfen wir hier unbeachtet lassen, weil es inzwischen, bis auf zwangsläufig immer stärker verblassende persönliche Reminiszenzen, im Sog der Wiedervereinigung von der alles absorbierenden Gewalt der eingespielten westlichen Realitäten aufgesaugt worden ist.

Immerhin konnte in den ersten Jahren der Bundesrepublik noch der Traum vom Entstehen einer wirklichen Bürgerrepublik geträumt werden, getragen von einer Gesellschaft nicht nur gleichberechtigter, sondern auch – unabhängig von ihrem jeweiligen Einkommen – gleichgestellter »Citoyens«. Ansätze dafür gab es durchaus. Ein herausragendes Beispiel war die nach massiven politischen Auseinandersetzungen neu ins Leben gerufene Bundeswehr: Die allgemeine Wehrpflicht wurde damit begründet, dass eine Armee von »Bürgern in Uniform« entstehen solle. Zumindest gleichrangiges Gewicht kam einer bis auf den heutigen Tag hochbedeutsam gebliebenen sozialpolitischen Gesetzgebung zu, die damals auf den Weg gebracht wurde. Zu ihr zählten nicht nur die schon erwähnte betriebliche und überbetriebliche Mitbestimmung sowie die damit einhergehende Stärkung der Gewerkschaften, sondern auch die Durchsetzung von umfassenden Systemen der allgemeinen Gesundheits- und Altersversorgung. Zuvor hatte zwar – entgegen der heutzutage gern verbreiteten Mär – die 1948 durchgeführte Währungsreform keineswegs sozusagen im Handumdrehen auskömmliche Arbeit für alle geschaffen, aber jedermann konnte eben doch zu Recht darauf hoffen, dass es bald wieder bergauf gehen werde.

Darauf, dass man selbst an dieser Entwicklung teilhaben könne, richteten sich denn auch nahezu alle Bestrebungen und Hoffnungen. Das politische Geschehen hingegen war, wenn gewiss auch keineswegs ganz nebensächlich, so doch eher von zweitrangiger Bedeutung. Man wollte einfach seine Ruhe haben, um wieder auf die Beine zu kommen – für eine gesicherte Zukunft im Kreise der westlichen Staatengemeinschaft sorgte ohnehin die Regierung unter der Führung des ebenso pfiffigen wie vertrauenswürdigen »Alten«, von Bundeskanzler Konrad Adenauer. Über alledem schwebte in der Person des hochgeachteten Bundespräsidenten Theodor Heuss das (wie ein Journalist es unlängst bezeichnet hat) »personifizierte Bürgertum«. Radikale, gar revolutionäre Umbrüche musste wahrlich niemand befürchten – und folglich war auch die sich bis weit in die sechziger Jahre hinziehende politische Dominanz der CDU/CSU von einer durchaus bemerkenswerten stabilen gesellschaftlichen Entwicklung begleitet. Die Mehrzahl der Zeitgenossen begrüßte sie als Wiederherstellung einer lange entbehrten gesellschaftlichen Ruhe. Diese sollte freilich von unzähligen Angehörigen der jüngeren Generation bald darauf als bedauerliche Rückkehr zu einem von ihnen zu Recht als überholt erachteten Wunschbild, um nicht zu sagen: als geschichtlich verfehlte Restauration des »Muff von tausend Jahren«, ausgelegt werden.

Vorerst lebte jedenfalls die übergroße Mehrheit der Bevölkerung nichts anderes als den Traum von einer Idylle. »Ach, das könnte schön sein, ein Häuschen mit Garten«, so liebenswert ironisch wurde diese damals durch den unvergesslichen Wolfgang Neuss und seinen Partner Wolfgang Müller besungen. Alles das hatte, wer könnte es übersehen, in seinem Kern durchaus etwas mit der Sehnsucht nach früheren Zeiten zu tun, nach der Wiederkehr einer vermeintlich heilen bürgerlichen Welt. Nicht wenige glaubten, sich an sie noch aus nostalgischen Erzählungen ihrer Großeltern von der schönen alten Zeit vor Ausbruch des Ersten Weltkriegs erinnern zu können. Dabei ging es allenfalls in seltenen Ausnahmenfällen um raffgierige Träume von neuem Reichtum. Im Vordergrund stand ganz einfach die Sehnsucht nach einem ungestörten Leben, getragen von einer Familie, bestimmt durch die traditionelle Rollenverteilung zwischen Mann, Frau und Kindern, begleitet zwar nicht von der Gewissheit, aber doch von der begründeten Hoffnung, im Laufe der Jahre mittels eines auskömmlichen Einkommens und unter der Bedingung sparsamer Lebensführung wieder ein kleines Vermögen anzusammeln und damit von unziemlichen Angriffen des Staates unabhängig zu werden. Teakholzmöbel, Nierentische, Hängeschränke an der Wand mit Sideboards darunter, Glasvitrinen mit stolz hinter ihren Fenstern ausgestellten Kristallgläsern und Sammeltassen, moderne Radios und Plattenspieler: Es waren die klassischen europäischen Kleinbürger, die das Bild bestimmten – ein Klischee, wie es übrigens Jahrzehnte später, wenn auch unter gänzlich anderen politischen Vorzeichen und als wahres Zerrbild eines Spießbürgers, in der Person von Erich Honecker wieder lebendig werden sollte.

Zugleich schien endgültig erwiesen, dass jener Spinner namens Karl Marx mit seiner Prognose total danebengelegen hatte, wonach die kapitalistische Gesellschaft in einem unversöhnlichen Kampf zwischen zwei verbliebenen Klassen enden werde. Ob diese Schlussfolgerung bis heute unverändert zutrifft, mag hier dahingestellt bleiben. Damals jedenfalls fürchtete keiner der Kleinbürger noch ernstlich, alsbald im Proletariat zu versinken. Ganz im Gegenteil: Alles spricht dafür, dass der Soziologe Helmut Schelsky recht damit hatte, die offenkundige Entwicklung eines bürgerlichen Selbstverständnisses bei den Facharbeitern als Anzeichen für das Entstehen einer »nivellierten Mittelstandsgesellschaft« zu interpretieren.

Persönlich kam das für mich selbst eigentlich wenig überraschend. Ich konnte es sogar gut nachfühlen, denn es deckte sich mit eigenen Erfahrungen und Empfindungen. Zwar bin ich – trotz der Verjagung meines Vaters aus dem Amt des Magdeburger Oberbürgermeisters durch die Nazis und trotz mancher für die Eltern in vielerlei Hinsicht nicht gerade einfachen Jahre in der türkischen Emigration – seit meiner Jugend in einer Umgebung aufgewachsen, die man sicherlich als behütet bezeichnen kann. Auch nach der Rückkehr ermöglichten Ernst Reuter seine Dienstbezüge, mit seiner Familie ohne materielle Sorgen in einem kleinen gemieteten Einfamilienhaus zu leben und dem Sohn seine Hochschulausbildung zu finanzieren. Doch das war mehr oder minder auch schon alles. Nennenswerte Spielräume, sich – was er sicher gern getan hätte – ein wenn auch kleines Vermögen und damit materielle Sicherheit für die eigene Zukunft aufzubauen, hatte ihm das Leben nicht eröffnet. Was er seiner Frau 1953 bei seinem plötzlichen Tod hinterließ, waren – neben einem kleinen Geldbestand auf dem Bankkonto, der Wohnungseinrichtung samt der Bibliothek und einer Witwenpension sowie dem ein Jahr zuvor mit größtem Stolz erworbenen VW-Käfer – eine einzige Aktie von Daimler-Benz im Nennwert von 1000 Deutsche Mark.

Als ich Mitte der fünfziger Jahre mein Berufsleben begann, hatte ich trotzdem einen wichtigen Vorteil gegenüber vielen meiner Altersgenossen. Dank des mir in den Schoß gefallenen Glücks, in einer friedlichen Umgebung aufwachsen und eine doch recht umfassende Schulbildung genießen zu dürfen, konnte man mich sicherlich mit einer gewissen Berechtigung als Bildungsbürger bezeichnen. Andererseits war ich bestimmt alles andere als ein Besitzbürger. Mehr als das: Nicht nur am Anfang, Mitte der fünfziger Jahre, mit einem zuerst noch nicht einmal vierstelligen monatlichen Einkommen, sondern auch dann, als ich schon meine ersten Schritte auf dem beruflichen Karriereweg hinter mich gebracht hatte und mir schon einen in mancher Hinsicht überdurchschnittlichen Lebensstandard leisten konnte, wäre es mir nicht im Traum eingefallen, mein ganzes Streben auf die Ansammlung von Vermögen auszurichten. Nicht für einen Augenblick war es mein Anliegen, »etwas Besseres« zu werden als die Mitbürgerinnen und Mitbürger, mit denen ich täglich zu tun hatte. Genauso wenig wäre ich auf die Idee gekommen, meine Entscheidung bei Bun-

174

destags- oder Landtagswahlen davon abhängig zu machen, ob sich die jeweiligen Parteien rühmten, bürgerliche Wertvorstellungen zu vertreten oder nicht. Umso
größer war denn auch unsere Verwunderung, als meine
künftige Frau und ich Jahre später, nach meinem Ein-
tritt bei Daimler-Benz und unserem Umzug nach Stuttgart, feststellen mussten, dass die CDU bei der Bundes-
tagswahl 1964 im Wahlkreis Sindelfingen mit seiner
durch eine Arbeiterschaft dominierten Bevölkerung
zum ersten Mal die SPD hinter sich ließ. Offensichtlich
hatten sich die klassischen Facharbeiter auf den Weg
gemacht, in ihrem Wahlverhalten den politischen Verlockungen eines kleinbürgerlichen Besitzbürgertums
nachzugeben.

Immerhin waren die sechziger Jahre des vorigen Jahrhunderts gewiss durch weit mehr geprägt als etwa nur
durch eine nahtlose Fortsetzung der Periode altbackener
Biederkeit, die sich in der Regierungszeit von Konrad
Adenauer breitgemacht hatte. Ludwig Erhard, kaum
hatte er endlich den politischen Chefsessel erklommen,
sollte bereits deutlich den Gegenwind verspüren, der
jetzt von einer jüngeren Generation angefacht wurde.
Kurt Georg Kiesinger als sein Nachfolger erfuhr das
schon mehr oder minder unmittelbar am eigenen Lei-
be. Im Aufstieg von Willy Brandt zum Idol, mit seinem
»Mehr Demokratie wagen«, dem in der deutschen
Nachkriegsgeschichte einzigartig gebliebenen Höhepunkt der legendären »Willy-Wahl« von 1972 und
schließlich dem Warschauer Kniefall, überzog eine neue
Aufbruchstimmung vollends fast wie eine Flutwelle das
Land. Auf ihren Fahnen stand eine ganze Palette von
möglichen wie von unmöglichen gesellschaftspoliti-
schen Zielen.

Diese Atmosphäre hielt zumindest bis zur Mitte des Jahrzehnts weiter an. Alles in allem war die gesamte, gut zehn Jahre während Periode durch Turbulenzen gekennzeichnet, die – sowohl in ihrer Intensität als auch in ihren Auswirkungen – den Zeitgenossen zweifellos als einzigartig vorkommen mussten. Entsprechend lange sollte es danach noch dauern, bis die Gewohnheit, den geliebten Pkw am Wochenende eigenhändig am Straßenrand zu waschen und zu polieren, durch die Nutzung einer automatischen Waschanlage abgelöst wurde und Flugreisen zu neuen Ferienzielen die Küsten der Adria ersetzten. Vielleicht war die Zeit damals für alles mögliche andere reif, keineswegs jedoch schon für ein neues Aufleben der alten bürgerlichen Ideale und deren tatkräftige Verbreitung durch politische Heuchelei.

Nach den am Ende der sechziger Jahre trotz spektakulärer Straßenkämpfe durchgesetzten Notstandsgesetzen und der Bildung einer neuen Bundesregierung durch SPD und FDP hatten gleich zu Beginn des folgenden Jahrzehnts die sogenannten Ostverträge für Auseinandersetzungen gesorgt. Sie spalteten das ganze Land – und damit auch seine Gesellschaft – in zwei sich geradezu feindlich gegenüberstehende Lager. Darauf folgte eine Wirtschaftskrise, die durch eine inflationäre Geldentwicklung, durch nahezu wahnwitzige Lohnforderungen und ein sich immer weiter steigerndes Selbstbewusstsein der großen Gewerkschaften gekennzeichnet war. 1974 schloss sich der resignierte Rücktritt von Willy Brandt an, die Berufung von Helmut Schmidt zum Regierungschef, die Olympischen Spiele von München (mit dem teuflischen Mordanschlag auf die israelische Mannschaft), die Protestmärsche von Brockdorf, die terroristischen Anschläge der Verbrecherbande der

RAF, beginnend mit der blutgetränkten Besetzung der deutschen Botschaft in Stockholm und sich zur Mordserie steigernd, die Baader-Meinhof-Prozesse in Stammheim, die Bestätigung der Regierung Schmidt durch die Wahl von 1976 und schließlich der beginnende Zerfall der Regierungskoalition prägten die zweite Hälfte der Dekade. Gekennzeichnet war sie nicht zuletzt durch die Auseinandersetzungen innerhalb der Sozialdemokratie über die unbeirrbare Entschlossenheit ihres im geschichtlichen Rückblick sicherlich bedeutendsten Bundeskanzlers, der lebensbedrohenden Stationierung sowjetischer Mittelstreckenraketen durch den sogenannten NATO-Doppelbeschluss zu begegnen.

Der inzwischen schon zur modischen Manie verkommenen Diskussion darüber, ob die Vorstellungen und das Wirken jener so gern als 68er abgestempelten Generation sich nun heilsam oder schädlich auf die weitere Entwicklung unseres Landes ausgewirkt haben, will ich hier keine weitere Gedankenblüte hinzufügen. Mir geht es einzig und allein darum, dass die Zeitläufte, die der 1982 erfolgten Wahl von Helmut Kohl zum Bundeskanzler vorausgingen, sicherlich wenig Anlass für eine breite Mehrheit der Bevölkerung boten, ihr Leben auf einen (vermeintlichen oder wirklichen) Anbruch einer neuen Periode von Bürgerlichkeit auszurichten. Deswegen kam wohl auch niemand ernsthaft auf die Idee, sich diesen Begriff als Markenzeichen für das eigene politische Wollen aufs Panier zu schreiben.

Weder die FDP noch die CDU/CSU als die beiden neuen Koalitionspartner hatten sich bis dahin ernsthaft als Gralshüter einer bürgerlichen Gesellschaft in die Bresche geworfen. Allenfalls mag Otto Graf Lambsdorff etwas Ähnliches im Sinn gehabt haben, als er seine Funktion des Bundeswirtschaftsministers dazu nutzte, um mit den Mitteln seiner marktkapitalistischen Wirtschaftsphilosophie entschlossen auf eine innere Spaltung der SPD hinzuarbeiten und damit einen – letzten Endes aber doch rein machtpolitisch begründeten – Regierungswechsel seiner Partei hin zur Zusammenarbeit mit der CDU/CSU vorzubereiten. Von der vielberufenen »geistig-moralischen Wende« hatte jedoch selbst der neue Bundeskanzler Helmut Kohl anscheinend nur eine höchstens sehr vage Vorstellung. Zumindest spricht nichts dafür, dass damals schon irgendjemand einen vergleichbar merkwürdigen Glanz in den Augen hatte, wie er immer wieder auffällt, sobald sich die jetzige Bundeskanzlerin und ihr phrasengewaltiger Außenminister im Rahmen ihrer öffentlichen Freundschaftsbekundungen zwar selten ausdrücklich, aber mit einem nie zu überhörenden Unterton als bürgerlich apostrophieren.

Inzwischen ist es gebräuchlich geworden, Bürgerlichkeit gleichzusetzen mit einer sogenannten Mitte. Sofern einem dieser politische Taschenspielertrick wenigstens einigermaßen glaubhaft glückt, ist dann auch niemand anderes als man selbst dazu berufen, glaubhaft und überzeugend deren Eigenheiten und Interessen zu vertreten. Offensichtlich handelt es sich dabei um die gleiche Gesellschaftsschicht, die der Basta-Kanzler Gerhard Schröder unter der Bezeichnung »Neue Mitte« als Wählerpotential für sich entdeckt hatte. Erkennbar versuchte er damit in den gleichen Revieren zu wildern, als deren traditionelle Jagdherren sich die jetzigen Regierungspartner sicher wähnen. Der Versuch war ja auch über eine gewisse Wegstrecke hinweg recht erfolgreich. Das änderte – und ändert – freilich wenig daran, dass sich gerade in dieser Phase eine Entwicklung abzeichnete, die in der Tat einen erneuten gesellschaftlichen Wandel charakterisiert: die Herausbildung einer sogenannten gesellschaftlichen Elite.

Dieser auch schon in anderem Zusammenhang in diesem Buch aufgetauchte Begriff war Ausdruck einer Wirklichkeit, wie es sie bis dahin in der Nachkriegszeit allenfalls in Ansätzen gegeben hatte, ohne doch jemals zu einer ernsthaft ins Gewicht fallenden politischen Realität zu werden. Gleiche Lebenschancen für alle, unabhängig von Herkommen und Abstammung: Das galt bis dahin als unbestrittenes Ziel jeder Politik. Zumindest als Lippenbekenntnis diente es natürlich auch weiter allen maßgeblichen Parteien als Idealvorstellung. Trotzdem hatte inzwischen die tägliche Lebenswirklichkeit begonnen, in eine neue Richtung zu weisen. Elite: Bald verstanden viele diese Bezeichnung nicht mehr als Ausweis von herausragenden persönlichen Fähigkeiten, sondern als Statussymbol. Umso stolzer dürfen die drei derzeitigen Regierungsparteien darauf sein, dass es ihnen so erfolgreich gelungen ist, ihre politischen Gegner allesamt auf dem falschen Fuß zu erwischen, indem sie flugs die Angehörigen dieser neuen Elite als bürgerlich für sich vereinnahmten. Nun zählt man sich ganz selbstverständlich zur bürgerlichen Elite – und das ganz und gar unabhängig davon, ob man dazu fähig ist, mehr ernsthaften Lesestoff in sich aufzunehmen als allenfalls die tägliche BILD-Zeitung und jeweils am Donnerstag die Partyneuigkeiten in der BUNTEN.

Die Zeiger der Zeit deuteten jedenfalls schon bald nicht mehr auf Gleichheit, sondern auf Abgrenzung. Die Züge waren abgefahren. Zwar wiesen ihre Fahrpläne durchaus unterschiedliche Geschwindigkeiten aus. Expresszüge standen vornehmlich solchen Gästen zur Verfügung, die sich schon beträchtlicher Erbschaften erfreuen und auf das Portemonnaie wohlhabender Väter verlassen konnten. Das waren diejenigen mit der berühmten »Villa im Tessin«, von denen Klaus Staeck schon anlässlich des Bundestagswahlkampfes von 1972 so herrlich ironisch behaupten konnte, dass »die SPD sie enteignen will«. Doch auch die Fahrgäste, deren Gepäck etwas weniger gewichtig ausfiel, fanden Zugverbindungen, die sie verlässlich zu ihrem ersehnten Ziel, der Zugehörigkeit zum neuen Besitzbürgertum, führten. Mit wenigen Ausnahmen sind die meisten auch längst wohlbehalten angekommen: als (männlicher oder weiblicher) Partner bei Roland Berger oder Boston Consult, als Investmentbanker bei einem der internationalen Finanzinstitute, als Partner einer großen Anwaltskanzlei, als maßgeblicher Eigentümer eines modernen Dienstleistungsunternehmens – oder schlicht als Spekulationsgewinner. Manche von ihnen zählen im Übrigen längst wieder zu den gesuchten politischen Ratgebern. Und wer könnte übersehen, dass sich der Respekt, den ihnen nicht wenige verantwortliche Politikerinnen und Politiker entgegenbringen, bereits hie und da durchaus wieder jener widerlich devoten Haltung annähert, die früher gegenüber den Angehörigen der Adelsschicht üblich war.

Die Fahrpläne für Züge, die sich in umgekehrter Richtung in Bewegung setzten, sollten allerdings gleichfalls nicht lange auf sich warten lassen. Schon seit langem, vor allem aber seit dem Beginn der großen Finanz- und Wirtschaftskrise, nimmt die Nachfrage nach Plätzen in diesen Regionalbahnen ständig weiter zu. Mitreisende sind einzelne Menschen, aber auch ganze Familien, die ihren Arbeitsplatz verloren haben oder ihr Auskommen auf der Grundlage von eng begrenzten Zeitverträgen bestreiten müssen. Hartz IV oder die Befürchtung, womöglich demnächst davon leben zu müssen – beides dürfte nicht gerade geeignet sein, um Freude zu Beginn von Reisen aufkommen zu lassen, die in diese Richtung gehen. Der in den letzten Jahren fast schon ausufernde Ersatz von früher weit überwiegend festen Arbeitsverhältnissen durch immer kürzer während Zeit- oder gar Leiharbeit schreibt zudem eine gesellschaftspolitische Entwicklung an die Wand, deren Folgen sich noch im wahrsten Sinne des Wortes als dramatisch erweisen werden.

Diese Hinweise dürfen übrigens nicht missverstanden werden. Es geht mir in keiner Weise um ein Plädoyer dafür, die bisher durchaus bewährten Regelungen unseres Sozialstaates unbesehen auch zukünftig fortbestehen zu lassen oder gar weiter auszubauen. Allein ein Blick auf die demographische Entwicklung der Bevölkerung beweist, dass die finanzielle Leistungsfähigkeit des gesamten Staatswesens damit überfordert würde. Eine grundlegende politische Diskussion über die zukünftige Gestaltung unserer sozialen Sicherungssysteme ist in der Tat überfällig. Der FDP-Vorsitzende hatte also recht damit, das Thema anzustoßen. Das allein entschuldigt freilich nicht das Ausmaß an politischer Heuchelei, mit der diese Anmahnung sogleich verknüpft wurde. Denn die vermeintliche »spätrömische Dekadenz«, die Westerwelle als Resultat der bisher geltenden sozialpolitischen Gesetzgebung bei ihren – wie er es wohl sieht – »Nutznießern« auszumachen beliebt, eignet sich mit Sicherheit nicht als Messlatte für eine ernsthafte Debatte – sondern allenfalls als billigstes Lockmittel aus der untersten Schublade der Demagogie für die Stammtische der eigenen politischen Klientel.

Doch damit zurück zur »Mitte«: Jede einigermaßen nüchterne Einkommensstatistik zeigt uns, wer heutzutage vor allem zu ihr zählt. Begonnen mit Sprechstundenhilfen geht es da über Lokführer und Werkzeugmacher bis zu Gymnasiallehrern und Elektrotechnikern. Ob man gut beraten ist, ihnen allen das Etikett »bürgerlich« anzuhängen – ich weiß es nicht. Denn soziale Verunsicherung, Unruhe in den Betrieben, Misstrauen gegenüber politischen Absichtserklärungen oder Verlust des Vertrauens in das demokratische Staatsprinzip machen inzwischen keineswegs mehr halt vor ihnen. Manche sind offenkundig entschlossen, in blindem Vertrauen auf künftiges Wachstum vor dieser Wahrheit die Augen zu verschließen. Andere bramarbasieren, wir hätten »nach elf Jahren endlich wieder eine bürgerliche Bundesregierung« (so der Ex-Ministerpräsident Edmund Stoiber vor der Jungen Union). Dabei sollte es doch nicht besonders schwerfallen, offen und ehrlich zuzugeben, dass bisher niemand über ein Patentrezept, ein »Sesam-öffne-dich«, zur Lösung der Probleme verfügt, denen seit der Globalisierung des Weltgeschehens keiner mehr entrinnen kann. Wer hingegen versucht, ernstlich irgendwelche vagen Vorstellungen von neuer Bürgerlichkeit als geeignete Zielvorstellung auszugeben und damit unterschwellig auf nichts als eine Art elitärer Wohlanständigkeit anzuspielen, bedient sich nur einer ebenso uralten wie billigen Ausflucht. Mag sie auch von manchen noch so lebhaft beklatscht werden – ihr scheinheiliges Gesicht kann sie dahinter nicht verbergen. Gemeinhin bekannt ist solche Rhetorik nun einmal unter dem Namen Heuchelei.

Gewiss gibt es manche, deren Träume sich bei näherem Hinsehen keineswegs auf eine einfache Wiederbelebung von altem Besitzbürgertum richten. Einer der bedeutendsten Geister unter den Verlegerpersönlichkeiten der Nachkriegszeit, Wolf Jobst Siedler, hat in seinen Büchern immer wieder in fast rührender Weise davon berichtet, was uns mit dem Untergang des klassischen Bildungsbürgertums verlorengegangen ist. Der Erfolg eines so beeindruckend nostalgischen Romans wie »Der Turm« von Uwe Tellkamp erinnert eindrucksvoll daran, wie lange auch in der DDR noch Reste davon überlebt haben. Doch die neue Bürgerlichkeit, von der so viel und so gern geschwafelt wird, meint eben in keiner Weise jenes Bildungsbürgertum vergangener Zeiten, sondern zielt auf materielles Vermögen, das Ende staatlicher Umverteilung und die Abkehr von allen Utopien, die einer Gleichheit aller Menschen nachhängen. Der Erfolg, dessen sich der inzwischen aus dem Amt geschiedene hessische Ministerpräsident Roland Koch noch vor wenigen Jahren erfreuen durfte, als er seine gegen eine moderne Einwanderungspolitik und zugleich gegen alle ernsthaften Integrationsbemühungen gerichtete brutale Wahlkampagne in Szene setzte, spricht insofern eine genügend beredte Sprache. In Wahrheit ging und geht es nämlich um nichts als den bedingungslosen Vorrang der privaten Interessen vor jeglicher Verpflichtung auf das gemeine Wohl, um nichts anderes also als um den Gebrauch der Ellenbogen zur Durchsetzung des eigenen Vorteils – ganz primitiv gesprochen, um alles das, was wir alltäglich miterleben können: von der Rücksichtslosigkeit im Straßenverkehr über den Verlust jeglicher Umgangsformen bis zum Wegschauen bei Straftaten.

Damit hat es die Habgier während der letzten beiden Jahrzehnte geschafft, sich auf der Rangliste menschlicher Regungen dramatisch nach vorn zu arbeiten. Aus ihr, die so lange moralisch verachtet wurde, scheint fast schon eine neue Dimension moderner bürgerlicher Tugend geworden zu sein. Heuchelei versorgt sie mit einem verlässlichen Deckmäntelchen. Machen wir uns nichts vor: Ausbruch und Auswirkungen der weltweiten Finanzkrise werden zwar inzwischen gern jener kleinen Gruppe unersättlicher Bank- und Wirtschaftsgewaltiger in die Schuhe geschoben, die sich – angeblich oder wirklich – nicht gescheut haben, zum Zweck ihrer persönlichen Bereicherung immer neue Spekulationsmöglichkeiten zu erfinden und damit nicht nur die gutgläubigen Anleger, sondern allesamt auch die jeweiligen Aufsichtsbehörden und -gremien hinters Licht zu führen. Dahinter verbirgt sich jedoch nichts anderes als die billige Ausflucht von Millionen gieriger Anleger in aller Welt, die unbedingt dabei sein wollen, wenn das große Roulette im Kasino der Finanzmärkte seine glücklichen Gaben verteilt und dafür sorgt, dass man ohne eigene Mühe oder gar Anstrengung reich werden kann.

Das – und nur das – war und ist der nackte Kern jenes Weihrauchs, den die Botschaft von der baldigen Realisierung des uralten bürgerlichen Strebens nach Besitz und Unabhängigkeit heutzutage so betörend ausströmt. Diejenigen, die sich dem leeren Traum einer solchen Bürgerlichkeit hingeben, die ihn sich sogar als ihr Ziel auf die eigenen Fahnen schreiben, fördern also – ob sie sich dessen bewusst sind oder nicht, ob sie das mit der weißen Salbe ihres sozialen Verantwortungsbewusstseins verbrämen oder nicht – in Wirklichkeit nur das ungebremste weitere Vordringen schierer Bereicherungsgier als zentraler Antriebskraft für die menschliche Gesellschaft.

Dabei weiß ich natürlich, wie groß und lautstark inzwischen die Zahl unserer Ratgeber ist, die uns im Brustton tiefster Überzeugung erläutern, dass Gier eine ganz normale Eigenschaft sei, die durchaus zum allgemeinen Fortschritt beitrage, solange sie nur durch gesetzlich geregelte Grenzen in die richtigen Bahnen gelenkt werde. Einen davon, der durch eine besonders fleißige Produktion von Büchern und die regelmäßige Teilnahme an Talkshows herausragt, zähle ich zu meinen persönlichen Freunden. Das ändert nichts daran, dass ich solche Predigten für eine nahezu gemeingefährliche Rattenfängerei halte. An anderer Stelle haben wir schon angemerkt, dass es natürlich eine ganze Reihe von Verlockungen gibt, denen wir oft genug nur schwer widerstehen können. Gier im Allgemeinen und Habgier im Besonderen sind da keine Ausnahmen. Das Bestreben, Macht über andere Menschen auszuüben zählt genauso dazu wie sexueller Drang. Gewiss trifft es zu, dass es in vielerlei Hinsicht dringend ratsam ist, dass die Gesellschaft sie alle durch ihre Gesetzgebung in erträgliche Grenzen einbindet. Das kann jedoch auf keinen Fall die ethische Grundregel ersetzen, dass wir jeweils in uns selbst als menschliche Individuen wissen müssen, was richtig ist und was falsch. Und wir sind dazu geboren, dies auch zu können.

In aller Regel trägt diese Fähigkeit einen Namen. Er lautet: der Anstand, den uns unser Gewissen vorgibt. Um deren genaues Gegenteil geht es, wenn hier von der Heuchelei die Rede ist, mit der sich heutzutage Gier aller Art zu tarnen pflegt. Anstand: Das meint unsere ganz und gar eigene Entscheidung, nach unserem Gewissen zu handeln. Verlässlich sagt uns dieses, dass der Maßstab für unser ethisches und moralisches Handeln in uns selbst liegt, dass wir uns nicht auf das herausreden können, was sich angeblich, unter dem Deckmantel sogenannter Wohlanständigkeit, als bürgerlich ziemt.

Kampf der Kulturen –
oder ihre gemeinsame Krise?

Vielleicht erinnern Sie sich: Auf einer der ersten Seiten tauchte schon kurz einmal der Verdacht auf, dass wir eine breite, die ganze Welt erfassende Kulturkrise erleben. Für mich hat er sich während der Niederschrift dieser Anmerkungen deutlich erhärtet. Längst ist rund um die Erde die Stunde der Heuchler angebrochen. Mit nahezu unwiderstehlicher Gewalt gelingt es ihnen, uns vorzugaukeln, dass es das gemeine Wohl der Menschheit fördert, wenn jede und jeder ihren oder seinen persönlichen Interessen Vorrang vor irgendwelchen schwammigen Wertvorstellungen – wie etwa Anstandsregeln im Umgang mit unseren Mitmenschen – einräumt. Da aber keinesfalls nur die sogenannten westlichen, sondern ausnahmslos alle Kulturen dieser Erde trotz aller vordergründigen Unterschiede in ihrem tiefsten Kern auf genau denselben grundlegenden Wertvorstellungen beruhen, zwingt dies unweigerlich zu einer Schlussfolgerung: dass es sich tatsächlich um eine allgemeine Krise aller wesentlichen Zivilisationen – oder eben: Kulturen – handelt.

Aber hängen denn unstillbare Gier, bürgerliche Lebensart und scheinheilige Heuchelei wirklich untrennbar miteinander zusammen? Bedingen sie sich gar gegenseitig? Natürlich fallen einem schon auf den ersten Blick Beispiele dafür ein, dass dies nicht ausnahmslos so sein muss. Darauf pflegen sich ja wohl auch die derzeitigen Regierungsparteien zu verlassen, wenn sie das Markenzeichen »bürgerlich« für sich beanspruchen. So kann ja beispielsweise niemand übersehen, wie unverändert lebendig sich in weiten ländlichen Gegenden Süddeutschlands die nachgerade klassischen Ideale von Bürgerlichkeit erhalten haben, das »Schaffe, schaffe, Häusle baue«, die Sparsamkeit, der Biedersinn und die Häuslichkeit.

Doch was ist dann eigentlich mit den Alleinerziehenden, mit den Arbeitslosen, ja mit den Migranten: Gehören sie alle nicht dazu, wenn um die bürgerlichen Stimmen geworben wird? Kein Zweifel: Eine in sich geschlossene Gesellschaftsschicht, die man – zumindest im klassischen Sinne des Begriffs – als bürgerlich bezeichnen könnte, existiert auch dort schon längst nicht mehr. Übriggeblieben ist eine Mittelschicht, die – auch davon war schon die Rede – eine weite und höchst uneinheitliche Spanne von Berufen und Einkommen umfasst. Sie reicht von Beschäftigten in der Gastronomie bis zu Ingenieuren, Ärzten und Rechtsanwälten. Zu ihr zählen auch immer noch genügend viele Zeitgenossen, die dazu beitragen, dass die volkswirtschaftliche Sparquote der Deutschen in Europa nur noch von den Schweizern überboten wird. Trotzdem ist es auch in diesen Kreisen längst zur täglichen Realität geworden, dass sich nicht wenige mit einer zeitlichen Befristung ihrer Anstellungsverträge vertraut machen müssen. Andere haben sich daran zu gewöhnen, dass sie ihren Arbeitsplatz von heute auf morgen verlieren könnten. Oder gar, dass man nicht mehr zum Viertele im altgewohnten schwäbischen Gasthof, sondern für eine weit billigere Pizza beim Italiener, ja sogar zum schnellen Big Mac bei McDonald's einkehrt.

Zugleich lassen sich natürlich immer noch genügend Mitbürgerinnen und Mitbürger ausfindig machen, die umfassend genug gebildet sind, um sich als Bildungsbürger verstehen zu dürfen. Sie und ihre Familien sind freilich – wie wir sahen – keineswegs mehr zu verwechseln mit jenen Mitgliedern einer Gesellschaftsschicht, die bis zum Ausbruch des Ersten Weltkrieges mit Fug und Recht als Großbürger bezeichnet werden konnten, weil ihre Bildung mit einem beträchtlichen Vermögen einherging. Umgekehrt leben sicherlich nicht wenige – ob man sie nun naserümpfend als neureich oder höflicher als moderne Besitzbürger bezeichnen will – unter uns, die als herausragend vermögend einzustufen sind. Abgesehen davon, dass deren Zahl vermutlich kaum ernsthafte Wählermehrheiten gewährleisten kann, vermute ich allerdings, dass es sich auch bei ihnen nicht ernsthaft um diejenigen handelt, auf die man zielt, wenn man sich selbst als bürgerliche Partei bezeichnet. So bleiben eigentlich nur zwei denkbare Rechtfertigungen für die arrogante Dreistigkeit, mit der die FDP zeitweise behauptet hat, die derzeitige Bundesregierung wolle eine grundlegende politische Wende unseres Landes bewirken: Entweder man weiß selbst nicht recht, wovon man redet, oder man versucht, der staunenden Zuhörerschaft eine heile Welt vorzuheucheln, die es in Wirklichkeit gar nicht gibt.

Bürgerliche Lebensart und Heuchelei? Es mag ja zutreffen, wenn manche Historiker es unternehmen, die Frühzeit des Bürgertums – von der wir gesprochen haben – als eine Zeit zu schildern, in der man aufrichtig miteinander umgehen musste, weil es nur auf diese Weise möglich war, den gemeinsamen Anspruch auf Freiheit und Gleichheit gegen eine feindselige Oberschicht durchzusetzen. Spätestens seit dem Durchbruch des industriellen Kapitalismus in der zweiten Hälfte des 19. Jahrhunderts und der darauf folgenden Gründerzeit haben aber Eigennutz und Selbstinteresse diese gesellschaftliche Übereinkunft ersetzt. Gewiss ist kein normaler Mensch gegen die Versuchung gefeit, gelegentlich seinem Umfeld etwas vorzulügen – oder: vorzuheucheln. Wer bereit ist, die Dinge wenigstens einigermaßen ungefärbt zu betrachten, wird jedoch kaum übersehen können, dass sich Heuchelei seitdem von einer vorübergehenden Abirrung Einzelner zur weitverbreiteten Eigenheit des gesellschaftlichen Umgangs innerhalb der klassischen bürgerlichen Schichten entwickelt hat.

Natürlich hat man sich im Geschäftsleben unverändert an Recht und Verträge zu halten. Jenseits dieser engumrissenen Sphäre erwartet jedoch niemand mehr, dass im Verkehr untereinander immer nur die reine Wahrheit vorherrscht. Trotz der liebenswürdigen Verklärung durch die Prosakunst des Dichters ist das selbst schon in den »Buddenbrooks« unübersehbar. Im Gegenteil: Das Verhältnis der Ehegatten untereinander oder die kleineren Verfehlungen des Mannes, das Gedeihen und die Taten der Kinder, angebliche oder wirkliche Beziehungen zu höhergestellten Persönlichkeiten, Ausstattung und Wert des familiären Haushalts, die Reiseziele für den Urlaub und die Kategorie der gebuchten Hotels – alles dies und noch vieles mehr durfte, ja musste ganz selbstverständlich mit Heuchelei bemäntelt werden. Inzwischen macht sich deswegen kaum noch irgendjemand ernsthaft Gedanken.

Das natürliche, jedem Menschen eigene Bestreben nach einem gesicherten Leben im Kreise der Familie, nach Wohlstand, ja nach Reichtum gesellte sich von

Anfang an dazu. Nach außen sollte das natürlich auf keinen Fall – oder jedenfalls nicht auffällig – als unziemliche Gier in Erscheinung treten. Immerhin nahm es den Angehörigen des Großbürgertums in den einschlägigen Kreisen niemand übel, dass ihre Anwesen und ihr Lebensstil von Tag zu Tag aufwendiger wurden. Ebenso wenig erregte es Anstoß, wenn sich auch die übrigen wohlsituierten bürgerlichen Schichten Dienstboten und geräumige Wohnungen in angesehenen Stadtvierteln leisten konnten, während die – womöglich schon in Parteien oder Gewerkschaften organisierten – Lohnarbeiter, die »Proleten«, weiter im Hinterhof der Großstadtkasernen dahinvegetieren durften. Eine Grenze überschritten nur jene, die allzu offensichtlich den Eindruck von Verschwendungssucht aufkommen ließen.

Umso radikaler fiel der beschriebene Umbruch aus, den der Erste Weltkrieg auslöste. Spätestens mit der Inflation zu Anfang der zwanziger Jahre hatte der bei weitem größte Teil der traditionellen bürgerlichen Schichten den Rest ihrer Vermögen eingebüßt. Neureiche Spekulationsgewinnler lösten sie ab und begannen, hemmungslos mit ihren Bankkonten, Luxuskarosserien und Pelzmänteln herumzuprotzen. Der Spuk war zwar mit dem Ausbruch der großen Weltwirtschaftskrise von einem Tag auf den anderen zu Ende – doch ohne lange Atempause auch schon die braune Pest an der Macht. Von einer bürgerlichen Gesellschaftsschicht blieb jetzt in der Tat nur noch deren brüchige Fassade. Lange, lange Jahre, über die Zeit des Zweiten Weltkrieges und über die ganze Periode der sowjetischen Diktatur hinweg, blieb es nichts als ein Traumgespinst, dass sich eines Tages dahinter wieder neues Leben entwickeln könnte. Und in der Tat: Als der »Kalte Krieg« zu Ende ge-

gangen und das Tor zur kapitalistischen Globalisierung
weit aufgerissen war, vergingen kaum mehr als ein paar
kurze Atemzüge der Geschichte, bis sich menschliche
Bereicherungsgier als wahre Pandemie ungehemmt um
die ganze Welt ausbreiten – und damit für manche Europäer einen wahren Triumphzug neuer Bürgerlichkeit
einleiten – konnte. Dabei wäre es natürlich kurzsichtig
zu übersehen, dass sich der Wandel in den einzelnen
westeuropäischen Ländern während der Zeitspanne,
die der großen Katastrophe voranging (vom Schicksal
der bürgerlichen Gesellschaft in Osteuropa war bereits
mit dem Hinweis auf das Werk von Sàndor Màrai die
Rede), sehr unterschiedlich abgespielt hat. Freilich ging
es letzten Endes doch nur um den zeitlichen Ablauf
und weniger um den grundlegenden Kern der Veränderungen. Das wird sofort deutlich, wenn wir einen nur
kurzen Blick auf die Entwicklung in Frankreich und in
Großbritannien richten.

Die französische Gesellschaft ist in der Tat durch die
Revolution am Ende des 18. Jahrhunderts und deren
jahrzehntelange Folgen wesentlich intensiver und bleibender geprägt worden als vergleichbare Schichten im
übrigen Europa. Die »Citoyens«, die einst gemeinsam
gegen Adel und Klerus für Freiheit, Gleichheit und Brüderlichkeit gekämpft hatten, verwandelten sich im Verlauf des folgenden Jahrhunderts in eine breite Schicht
von »Bourgeois«. Arnold Bergsträsser, der bedeutende
Soziologe, hat deren Eigenart einmal so umschrieben,
dass für sie »nie die ruhelose Bewegung des in seinem
wirtschaftlichen Tun aufgehenden kapitalistischen Er-
werbsmenschen zum Ideal geworden (ist), sondern eine
ruhige, übersehbare, maßvoll-vorsichtige Führung von
Leben, Geschäft und Beruf«. Und er fügt hinzu: »Der

Bürger hält fest an der Abgeschlossenheit seiner individuellen Existenz, (...) hat Wohlhabenheit und ihre Erhaltung zum Ziel.« Trotz der andauernden Bedeutung einer katholischen Adelsschicht auf der einen, der auch in Frankreich als Folge der industriellen Revolution aufkommenden Arbeiterbewegung auf der anderen Seite mag es allerdings erstaunlich erscheinen, dass diese nun in der Tat klassische bürgerliche Einstellung bis heute immer noch weite Teile der Gesellschaft kennzeichnet. Genau diese Beharrlichkeit hat andererseits dafür gesorgt, dass zwischen den gegenseitig abgeschotteten Schichten trotzdem eine bemerkenswerte Durchlässigkeit beim Zutritt zu beruflichen Karrieren entstehen konnte.

Das unterscheidet unser Nachbarland sehr deutlich von uns in Deutschland, wo ein nur schwer überwindlicher »Statusfatalismus« (so Renate Köcher, die sicherlich nicht irgendwelcher gleichmacherischer Neigungen verdächtige Leiterin des Allensbacher Demoskopieinstituts) die Szene beherrscht. Ich fürchte allerdings, dass auch diese französische Besonderheit bald Geschichte sein könnte: Verursacht durch die Einwanderung vor allem aus den nordafrikanischen Maghrebländern und den gleichzeitigen Siegeszug der marktkapitalistischen Dogmatik gerät die traditionelle gesellschaftliche Schichtung zunehmend unter einen für uns kaum vorstellbaren Druck. Ob das bisherige Ideal bürgerlicher Ehrbarkeit dem noch lange standhalten kann, wage ich zu bezweifeln.

Ungleich drastischer – und offenkundig durch nichts mehr umkehrbar – vollzog sich hingegen in Großbritannien schon vor Jahren ein grundlegender gesellschaftlicher Umbruch. Ausgelöst durch den verbreiteten Unwillen, den die bürokratischen Ausuferungen einer

Anzahl von sozialdemokratischen Experimenten der Nachkriegzeit, mehrere ausgelaugte Regierungen und die ungezügelte Macht einzelner Gewerkschaften ausgelöst hatten, wurde 1979 Margaret Thatcher mit einer komfortablen Parlamentsmehrheit zur Regierungschefin gewählt. Getragen von einer – jedenfalls in demokratisch organisierten Staatswesen – fast schon einzigartigen Identität zwischen ihrer Persönlichkeit und ihren politischen Zielen setzte sie mit der Gewalt einer Dampfwalze in kürzester Zeit eine noch nie dagewesene Umwälzung in Gang. Nicht zuletzt zählte dazu die radikale Privatisierung der meisten staatlichen Tätigkeitsfelder (deren Folgen bis heute zu besichtigen sind). Mit unnachahmlicher Selbstgewissheit, ja mit brutaler Arroganz ausgestattet, verwirklichte die konservative Premierministerin mit ihrem Wirken vorrangig die Interessen eines deutlich in sich abgegrenzten Teils des Bürgertums. Dies war jene Schicht, der sie selbst entstammte und die sich seit dem Beginn des industriellen Zeitalters Schritt für Schritt zu immer stärkerer Eigenständigkeit entwickelt hatte.

Charakteristisch für diese *upper middle class* war ihre radikale Abneigung gegen jeden wie auch immer gearteten staatlichen Eingriff, regelmäßig begleitet durch den Schlachtruf der Gleichmacherei. Ebenso typisch war eine durchaus ebenbürtige Verachtung der traditionellen Gewohnheiten sowohl der – an ihrer Schulausbildung und dem Gebrauch von Oxford English erkennbaren – traditionellen Oberschicht als auch der unterhalb der eigenen Klasse angesiedelten Proleten, der *working class*. Nahezu klassisch daher schon die Antwort von Margaret Thatcher auf die neugierige Frage eines Journalisten, wie sich wohl eine bestimmte von ihrer Regierung angekündigte Maßnahme auf die Gesellschaft ihres Landes auswirken werde: »Society? There is no society!« Nur wenig verwundern kann es da, dass der Aufbruch zum weltweiten Siegeszug des marktkapitalistischen Systems trotz der zwischenzeitlich wieder an die Regierung gelangten Labour-Partei – und natürlich nicht zuletzt in der Londoner City als Hochburg des ungezügelten Marktes – bis heute immer wieder auf die begeisterte Zustimmung einer Mehrheit der Bevölkerung zu stoßen schien.

Nicht anders verstanden bald darauf nahezu überall in Europa die einschlägigen Kreise eine ungehemmt um sich greifende Bereicherungsgier als ein ihnen zustehendes Geschenk von Freiheit und Demokratie. Oder besser: Bereitwillig wirkte diese Gabe der Entfesselung daran mit, der geneigten Menschheit vorzuheucheln, dass rücksichtsloser Gebrauch der eigenen Ellenbogen und schrankenloser Vorrang persönlicher Interessen allemal die besten Garanten für die Förderung des gemeinen Wohls seien. Genau wie in den Vereinigten Staaten mit ihren vielfältigen Sagen über den Aufstieg vom Tellerwäscher zum Millionär (und ihren angeblichen oder wirklichen calvinistischen Traditionen) ist es jedenfalls auf diese Weise im Mutterland der modernen Demokratie vollendet gelungen, die keinem Menschen gänzlich fremde Eigenschaft der Habgier scheinheilig als großartige Errungenschaft auszugeben, die dem Wohl der ganzen Menschheit dient. Inzwischen sind nicht nur in Europa oder in Nordamerika, sondern überall auf der Welt die Menschen darauf hereingefallen – und hier bei uns zählen vor allem diejenigen dazu, die sich so blauäugig und selbstsicher ihrer eigenen Bürgerlichkeit zu rühmen pflegen.

Eine Epidemie: Nach gängigem Verständnis ist das eine ansteckende Massenerkrankung, die plötzlich auftritt – danach aber auch wieder abflaut. Von einer Pandemie spricht man, wenn sich die Seuche über die Erdteile hinweg ausbreitet. Sollten wir mit unserem Verdacht nicht gänzlich danebenliegen, wonach es sich bei der Gier nach möglichst schneller und ungehemmter materieller Bereicherung, von der so viele von uns befallen sind, im medizinischen Sinne um eine solche Pandemie handelt, hieße das allerdings, dass sie irgendwann einmal von selbst wieder abflauen müsste. Eine derartige Entwarnung werden wir allerdings, dessen bin ich sicher, kaum erleben, solange der Schutzschild unversehrt erhalten bleibt, der die Seuche bisher so erfolgreich gegen jegliche Therapieversuche zu immunisieren vermochte. Wenn man versucht, sich dessen nahezu unglaubliche Abwehrstärke vorzustellen, muss einem fast schon der frühere südafrikanische Präsident Tabor Mbeki einfallen, der meinte, die Aids-Seuche schlankweg durch Leugnen überwinden zu können. Allzu groß ist der Unterschied zu der Scheinheiligkeit zumindest nicht, mit der uns glauben gemacht wird, es handele sich bei der Pandemie der Habgier gar nicht um eine Krankheit, sondern in Wirklichkeit um den einzig denkbaren und deswegen segensreichen Weg zur endgültigen Neubesinnung auf die uralten Werte und Überzeugungen der jeweiligen Menschheitskulturen.

Kulturen? Samuel Huntington hat in seinem Buch »Kampf der Kulturen« vor einigen Jahren – noch mehr als mit einem vorher unter dem gleichen Titel erschienenen Beitrag in dem Magazin *Foreign Affairs* – weltweit großes Aufsehen erregt. Darin erinnert er zu Recht daran, dass der Begriff der Kultur außerhalb des deutschsprachigen Raumes regelmäßig als Zivilisation verstanden wird (daher auch im Original »Clash of Civilizations«). Für Laien wie mich klingt es freilich eher wie ein Streit um des Kaisers Bart, welcher der beiden Begriffe besser als der andere geeignet sein könnte, die grundlegenden Inhalte wiederzugeben, in denen sich das Selbstverständnis einer Gesellschaft niederschlägt. Allein darum geht es mir aber: nicht um die unübersehbare, zumeist über Jahrhunderte hinweg gewachsene Fülle äußerer Erscheinungsformen, sondern um den harten Kern der Ideale und Wertvorstellungen, von denen die einzelnen Kulturen – oder meinetwegen Zivilisationen – geprägt sind. Schauen wir etwas genauer hin, erweist sich nämlich etwas, was zunächst erstaunlich erscheinen mag: Hinter den traditionellen Umgangs- und Verhaltensformen der Menschen in aller Welt verbergen sich in Wirklichkeit immer wieder die gleichen grundlegenden Werte.

Wir können es uns also ersparen, uns auf seitenlange Dispute darüber einzulassen, inwieweit – in vielerlei Hinsicht in der Tat fundamental – sich die Lehren des Konfuzianismus und des Buddhismus voneinander unterscheiden, die über die Jahrtausende hinweg so wesentlich die Geschichte des chinesischen, japanischen und weiter Teile des übrigen ostasiatischen Raumes geprägt haben. Genauso wenig brauchen wir im Einzelnen auf Rolle, Entwicklung und heutigen Einfluss der hinduistischen Lehren einzugehen. Sogar das Thema des Islam, das uns Europäer angesichts seiner geistigen, sozialen und politischen Bedeutung in aller absehbaren Zukunft noch wesentlich unmittelbarer berühren wird, können wir hier getrost auf sich beruhen lassen. Nichts anderes gilt für die vielfältigen geschichtlichen Einbindungen der afrikanischen oder der lateinamerikanischen Völker. Denn bei allen ihren Verschiedenheiten sind eben, so behaupte ich, allen diesen Zivilisationen (oder Kulturen) ausnahmslos die gleichen grundlegenden Vorstellungen von Moral, Gerechtigkeit und Wahrheit gemeinsam, die das Gewissen jedes und jeder Einzelnen von uns in der sogenannten westlichen Welt empfindet, wenn wir vor die Wahl zwischen richtig oder falsch, zwischen unanständig oder anständig gestellt sind. Die meisten von ihnen sind übrigens unschwer in den Zehn Geboten des Alten Testaments nachzulesen.

Darum allein aber geht es: Im Zuge der Globalisierung des Weltgeschehens hat sich die Zauberkunst scheinheiliger Heuchelei mit ganzer Gewalt dieser Grundwerte bemächtigt. Allesamt sind die Menschen bis in ihr tiefstes Inneres verunsichert. Keine Anrufung von Religionen, keine Berufung auf altehrwürdige Traditionen hilft ihnen weiter. Sie wissen nicht mehr, was richtig ist und was falsch, was anständig oder unanständig, würdig oder unwürdig. Zu Recht hat der Ökonom Hans-Jürgen Wagner davon gesprochen, dass eines der Häupter der »vielköpfigen Hydra« namens Globalisierung besonders scheußlich sei: »der Verlust der Identität« der Kulturen, die »in einem globalen Einheitsbrei« aufgehen – er sieht darin das »Schreckgespenst der voll kommerzialisierten, identitätslosen Welt«.

Als sei es gestern gewesen, kann ich mich noch an die Rührung erinnern, die mich überkam, als ich miterlebte, wie alte chinesische Menschen aus Taiwan zum ersten Mal nach der Trennung des Inselstaates vom Festland wieder die Möglichkeit bekamen, ihre in der Volksrepublik China verbliebenen Verwandten zu besuchen. Eng besetzt war das Flugzeug mit Passagieren, deren bäuerisches Herkommen deutlich an ihren Gesichtern abzulesen war. Bis zum Rand bepackt waren sie mit Geschenken, die ganz offensichtlich nicht etwa aus eigenem Überfluss stammten, sondern für deren Erwerb sie, mit der sichtbar glückserfüllten Bereitschaft, endlich wieder mit der verwandten Familie teilen zu dürfen, ganz selbstverständlich den eigenen Lebensbedarf eingeschränkt hatten. Augenfälliger konnte einem nicht bewusst werden, wie tiefgreifend die – sicherlich stark konfuzianisch geprägte – fernöstliche Tradition noch in ihnen gegenwärtig war, die über die Generationen hinweg die Familienverbände aneinander band und deren Mitglieder einander verpflichtete. Genau jener Vorrang der Sippe sowohl vor dem Einzelnen als auch – umgekehrt – vor der Gesamtheit des Volkes war es, den wir bei uns im Westen mit so viel naiver Bewunderung den Chinesen zuschrieben, als es bald darauf zur Mode wurde, von der (vermeintlichen) Überlegenheit ihres Gesellschaftsverständnisses über den (vermeintlich) verweichlichten und selbstgefälligen Westen zu schwafeln und dementsprechend vor den neuen chinesischen Gefahren zu warnen.

Kaum zwanzig Jahre dürfte das jetzt her sein. Wer sich heute meinetwegen in Shanghai, in Shenzhen, in der Provinz Shandong, in den mit unvorstellbarer Gewalt aus dem Boden geschossenen anderen Metropolen der östlichen Regionen oder gar unter den unzähligen Zockern an den allgegenwärtigen Börsen des Landes umsieht, wird allerdings kaum mehr seinen Augen trauen können. Zusammen mit ihrer Schwesterseuche, der Korruption, hat die Seuche der Gier nach schnellem Reichtum – und, in ihrer Begleitung, die Heuchelei als Deckmantel – längst die Wirkstätten der alten Traditionen erobert, haben die Ellenbogen des persönlichen Interesses längst alle noch so ehrwürdigen Bindungen beiseitegefegt.

Selbstverständlich will ich in keiner Weise behaupten, dass ausnahmslos die gesamte, nach Milliarden zählende chinesische Bevölkerung schon unheilbar von der Pandemie befallen ist. Nicht anders als bei uns handelt es sich höchstwahrscheinlich sogar bislang nur um eine Minderheit. Doch diejenigen, für die sich entsprechende Möglichkeiten eröffnet haben, sind angesteckt – genauso wie die Menschen in den übrigen Kulturregionen der Welt, die Zugang zu den Spielwiesen der Bereicherung gefunden haben. Niemand vergisst freilich auch nur für eine Sekunde, die Sucht sorgfältig zu tarnen. Nicht anders sind sich gewiss die gläubigen Anhänger des Buddhismus unverändert bewusst, dass das Heil eigentlich ja nicht in weltlichen Werten, sondern im Karma der Erlösung zu suchen und zu finden ist. Dennoch kann es offensichtlich nicht schaden, sich zumindest nebenbei auch noch entschlossen und mit wenig Rücksicht auf andere um ein angenehmes Leben für sich und seine Angehörigen zu bemühen. Ebenso wissen selbstverständlich die gläubigen Muslime um ihre Verpflichtung, Maß zu halten und regelmäßig die Armen zu bedenken – doch wer Zugang zu den modernen Quellen des Reichtums gefunden hat, muss eben nur noch in heimatlicher Umgebung vortäuschen, wie gläubig er sich an die Vorschriften des Propheten hält: Gleich nach dem Start des Flugzeuges in Richtung Westen kann man sich ja umso schneller seiner traditionellen Kleidung und damit dem Zwang zur Beachtung lästiger Sitten entledigen.

Während ich das alles niederschreibe, weiß ich wohl:

Dieser Text ist eine Polemik. Er überspitzt. Aber er übertreibt nicht. Er will nur den Finger auf offen schwärende Wunden legen. Ernst Elitz, inzwischen pensionierter Intendant zweier großer öffentlich-rechtlicher Rundfunkanstalten, hat das in seinem geistreichen Buch »Ich bleib dann mal hier« schonungslos auf den Punkt gebracht: »Nur wer sich ärgert, kann auch verändern.« Und eben in diesem Sinne setze ich darauf, dass weder höfliche Rücksichtnahme noch ständiges Bemühen um Verständnis, sondern nur ein schonungsloser Blick in den Spiegel dazu beitragen kann, die Seuche eines Tages zu heilen.

Zum guten Ende –
vom Verlass auf Europa

Gewiss klingt manches von dem, wovon hier die Rede war, nach Weltuntergang. Nicht weniger deutlich bin ich mir bewusst, dass blauäugige Zuversicht nicht weiterhilft. Gesundbeten wird nichts bewirken. Mehr als das: Es gibt keine Patentrezepte. Die lebenslange Erfahrung eines alten, eines sehr alten Autors, gepaart mit frischer Neugier und einem Schuss Gelassenheit, sorgt dennoch dafür, dass sein Optimismus ungebrochen bleibt. Ich wiederhole: Niemand muss mich daran erinnern, dass Gier eine Eigenschaft ist, die jeder einigermaßen ehrliche Mensch von sich selbst kennt. Treuherzige Versuche, sie ersatzlos auszurotten, müssten ganz schnell und kläglich scheitern. Nicht weniger naiv wäre es, darauf zu bauen, dass die Menschheit jemals ihrer angeborenen Neigung zur Heuchelei abschwören könnte.

Lange, sehr lange liegt die Zeit zurück, in der »sich die Bürger als eine ›Gemeinde der Aufrichtigen‹, als Menschen sans phrase verstanden«, in der »es jedem möglich war, dem Bündnis beizutreten, sofern er darauf verzichtete, aus Geldbesitz Vorrechte abzuleiten«. So formuliert es der Soziologe Wolfgang Engler – und nennt seine Studie über die Rolle von (bürgerlicher) Aufrichtigkeit im Kapitalismus »Lüge als Prinzip«. Doch solche Einsichten, mögen sie noch so berechtigt sein, bestätigen nichts anderes, als dass Optimismus unverzichtbar bleibt, wenn es darum geht, Probleme anzupacken – mit resignierender Miesepeterei ist es noch nie gelungen, ihnen beizukommen.

Dabei wäre es natürlich bodenlos leichtfertig, sich darauf zu verlassen, dass sich die Dinge schon irgendwie zum Guten wenden werden. Auch die gegenwärtige Bundesregierung weiß längst, dass sie spätestens bei der nächsten Wahl gefragt werden wird, was eigentlich aus der in ihrer ersten Regierungserklärung vollmundig verkündeten, auch damals nur durch Mangel an Verantwortung erklärbaren Annahme geworden ist, die Verschuldung unserer öffentlichen Haushalte werde sich mit Hilfe von wirtschaftlichem Wachstum in Luft auflösen, weswegen sich ab 2011 großartige Spielräume für die Einlösung wohlklingender Wahlversprechungen eröffnen würden. Genauso wenig wird die Hoffnung ausreichen, man könne der Kulturkrise, von der die Welt befallen ist, durch einfaches Aussitzen beikommen. Das Feuer brennt weiter, der Kessel darauf kann schneller als gedacht – und mit unvorstellbaren Folgen – überkochen.

Was die Beiträge der »bürgerlichen Mitte« zur Wiederbelebung von Zuversicht in eine künftig wieder beruhigendere Entwicklung angeht, wird es zudem, trotz aller Beteuerungen der Protagonisten, kaum Erfolg versprechen, sich gläubig auf die Hoffnung zu verlassen, dass die guten Sitten der Vergangenheit wenigstens im Verborgenen weiter blühen. Anstand – oder die sehr einfache Unterscheidung zwischen dem, was »man tut«, und dem, was »man nicht tut«: Das war einmal, denn heute geht es (wir sprachen schon davon) allenfalls noch um das, was sich »ziemt«. Dabei wiederhole ich, dass natürlich nicht ausnahmslos alle, die sich als bürgerlich bezeichnen, allein deswegen ebenso eingefleischte wie scheinheilige (weibliche oder männliche) Heuchler sein müssen. Trotzdem bleibt es leider wahr, dass sich die früher einmal – wenn auch nur für eine verhältnismäßig kurz bemessene Zeitspanne – tatsächlich gelebten bürgerlichen Ideale im Laufe der Jahrzehnte in hohl gewordene Konventionen verwandelt haben. Übriggeblieben ist, dass man sich unter Gleichgesinnten gegenseitig auf die Schultern klopft und das alles mit schön klingenden Reden schmückt – während diejenigen, die sich erdreisten, durch unbotmäßige Offenheit aufzufallen, indem sie Unangenehmes beim Namen nennen, mit bedauerndem Achselzucken als Menschen abgetan werden, die von Neid und Missgunst getrieben sind, weil sie nicht so erfolgreich sind wie man selbst.

In diesem Sinne handelt es sich auch bei den Fällen von Gier und Heuchelei, von denen in diesem Buch die Rede war, nur um mehr oder minder beliebig herausgegriffene Beispiele. Ihre Zahl ließe sich unschwer vervielfachen. Nicht zuletzt fiele mir hierzu die katholische Kirche ein, die ihre über Jahrhunderte hinweg wohlerprobte Meisterschaft in der Unterdrückung unwillkommener Wahrheiten wieder einmal so eindrucksvoll bewiesen hat, als zu Anfang dieses Jahres die vielen Fälle von sexuellem Missbrauch durch ihre Würdenträger bekannt wurden. Gottvertrauen allein reicht sicherlich nicht, um all dem beizukommen. Dennoch gibt es Therapien und Rezepte, um die Pandemie zu besiegen. Dafür müssen sich Verstand und nüchterne Vernunft mit Anstand und Moral paaren. Das wird nicht leichtfallen. Dass eine solche Anstrengung jederzeit gelingen kann, hat sich trotzdem im Verlauf der Geschichte immer wieder erwiesen. Keines der Rezepte wird allerdings allein für sich erfolgreich sein. Sie müssen zusammen verschrieben werden: verbindliche gesetzliche Regeln, an die wir uns alle gemeinsam zu halten haben – und zugleich eine Wiederkehr der Einsicht, dass die Menschheit nur überleben kann, wenn sie sich darauf besinnt, dass jede und jeder Einzelne von uns Mitglied einer Gemeinschaft ist und nur als solches existieren kann. Damit wird freilich auch klar, wie groß die Aufgabe ist, vor der wir stehen. Es geht um nichts Geringeres, als die Folgen der Globalisierung künftig rund um die ganze Welt in geordnete Bahnen zu lenken. Dickere Bretter mussten noch nie in der Geschichte der Menschheit gebohrt werden. Um unendlich viel mehr geht es als nur um die Eindämmung der weltweiten Finanzmärkte. Diese läuft, nachdem der erste Schock der großen Krise abgeflaut schien, ohnehin unter dem Einfluss scheinheiliger Manager schon längst wieder Gefahr, auf die lange Bank geschoben zu werden. Ganz vorn auf der Tagesordnung finden sich jedoch weitere Punkte wie der nachhaltige Schutz der Umwelt, eine wenigstens einigermaßen verlässliche Beschränkung der Rüstungsmaschinerie, die Sicherstellung fundamentaler Menschenrechte für ethnische und religiöse Minderheiten – und nicht zuletzt die Eindämmung des marktwirtschaftlichen kapitalistischen Systems durch weltweit wirksame sozialpolitische Fesseln. Und zu alledem dann auch noch die Bändigung von Gier und Heuchelei, getragen durch eine Neubesinnung auf uralte Überzeugungen von Anstand und Moral: Ist es nicht schiere Illusion, blinde Utopie, ernsthaft daran zu glauben, dass eine solche Herkulesarbeit auch nur die geringste Chance hat, erfolgreich bewältigt zu werden?

Auf nichts anderes zielt die Polemik dieses Buches als auf die Ermutigung, trotz aller Fragezeichen die Herausforderung anzunehmen. Wenn irgendjemand in seiner bisherigen Geschichte die Erfahrung gemacht hat, dass selbst Situationen, die hoffnungslos erscheinen, mit Opferbereitschaft, Zähigkeit und Selbstvertrauen zum Erfolg gewendet werden können, dann sind wir es, die Europäer. Unter unsäglichen Opfern haben Generationen von uns gelernt, auf behutsamen Fortschritt anstatt auf unvorhersehbare Folgen von Radikalität zu bauen. Wir wissen, was es bedeutet, verantwortungsbewusst zu denken und zu handeln. Uns überrascht es nicht, dass Institutionen zur Lenkung und Überwachung unerlässlich sind – zugleich aber auch freie Menschen, die den Mut haben, sich nicht zu ducken, sondern Haltung zu zeigen und den Kopf für das eigene Denken und Handeln hinzuhalten. Über alle Fährnisse unserer wechselvollen Geschichte hinweg haben wir uns immer wieder neu daran erinnert, was bereits die Alten wussten – wie etwa der attische Redner Lysias mit seiner Mahnung, dass sich diejenigen »leichten Herzens über das Gemeinwohl der Stadt hinwegsetzen und ihren eigenen Vorteil verfolgen, (die ja) nicht die Stadt, sondern ihren Besitz als ihr Vaterland ansehen«. Und wir haben die Lehren von zwei Philosophen in unsere Erfahrung aufgenommen: Immanuel Kant und Karl Popper.

Kant: Das bedeutet die für die Menschheit unverzichtbare Errungenschaft der Aufklärung – und zugleich die damit untrennbar verbundenen, ihr gleichgestellten Grundwerte der Ethik. Aufklärung, so hat er uns gelehrt, ist »der Ausgang des Menschen aus seiner selbstverschuldeten Unmündigkeit«, das »sapere aude«: »Habe den Mut, dich deines Verstandes zu bedienen.« Nicht minder deutlich wusste er, dass der Mensch viel mehr ist als nur allein sein Verstand: Hinzu kommt die ihm angeborene Verpflichtung zu moralischem Handeln – oder, wie Kant es gern nannte, »der gute Wille«. Wohl mag gerade dieser letzte Begriff zunächst ein wenig missverständlich klingen (so habe ich mich selbst in meinem diesem Thema gewidmeten Abituraufsatz voller Empörung darüber ausgelassen, dass doch der gute Wille allein zu nichts nütze sei, wenn ihm nicht die gute Tat folge). Doch was der Philosoph damit meint, läuft natürlich darauf hinaus, dass wir Menschen nicht unseren Verstand benötigen, um zwischen Gut und Böse zu unterscheiden. Und damit hat er recht.

Popper hingegen hat uns vor Augen geführt, dass wir als menschliche Wesen dazu verdammt sind, uns immer wieder von neuem zu irren. Weder unser Verstand noch unser Gefühl für Anstand und Moral sind frei davon. Unumstößlich folgt daraus, dass wir bei allem, was wir denken und tun, stets darauf bedacht zu sein haben, keine Tatsachen zu schaffen, die für den Fall, dass sie sich wider Erwarten als schädlich erweisen sollten, durch nichts mehr zu heilen sind. Und das hat uns ja wohl unsere Geschichte gleichfalls deutlich genug gelehrt.

Beides zusammen, die Lehren von Immanuel Kant und die Erkenntnisse von Karl Popper, machen das aus, was Europa und europäische Kultur unverwechselbar bedeuten. Es ist das aus bittersten Erfahrungen der eigenen Geschichte geborene Bewusstsein, dass Probleme nur dann wahrhaft menschengerecht gelöst werden können, wenn dies auf der Grundlage von Verstand und von Moral geschieht – zugleich aber mit dem Mut, sich Schritt für Schritt voranzuarbeiten, ohne sich, sollte sich der eingeschlagene Weg als Irrtum herausstellen, andere sinnvolle Lösungen zu verbauen. Leisten kann das nicht das Handeln Einzelner, mag es noch so einfallsreich, noch so tatkräftig, noch so rücksichtslos oder noch so einsichtig sein – und irgendeiner wie auch immer gearteten privaten Organisation allein wird es gleichfalls nicht gelingen.

Groß ist die Zahl der Verführer, die uns immer wieder von neuem glauben machen wollen, dass es Patentrezepte gibt, mit denen alle Übel dieser Welt von heute auf morgen kuriert werden können. Wir sollten nicht auf sie hereinfallen. Nicht wenige von ihnen leiden ganz einfach an einem krankhaften Geltungsdrang, der sie nicht verstehen lässt, dass unser jeweiliges Leben viel zu kurz ist, um alles das zum Besseren zu verändern, was ganze Generationen zuvor unter großen Mühen hervorgebracht haben. Die meisten freilich sind befallen von nichts anderem als dem unwiderstehlichen Trieb zur Heuchelei. Und wer von ihnen tatsächlich meint, alles Heil auf Erden werde gesichert sein, wenn wir uns nur blind auf die »unsichtbare Hand« des Marktes verlassen, der versündigt sich an allem, was menschliche Kulturen je erreicht haben.

Ich weiß, dass manche eher ungläubig staunen werden, wenn dieses Buch mit der Gewissheit schließt, dass es nur einen einzigen Weg gibt, der ernsthaft Erfolg versprechen kann: Ob wir es wollen oder nicht, wir müssen dafür sorgen, dass der Primat der Politik seinen unverzichtbaren Vorrang behält. Primat der Politik: Das sind wir alle, die in einem demokratischen Staatswesen Verantwortung für das gemeine Wohl tragen. Nur dann, wenn sich eine erdrückende Mehrheit von uns dieser Verantwortung bewusst bleibt, wird auch die pandemische Seuche, von der wir befallen sind, heilbar sein – und geheilt werden. Es liegt an uns allen, an jeder und jedem Einzelnen, dafür zu sorgen, dass die Stunde der Heuchler zu Ende geht.